"十四五"职业教育国家规划教材

企业会计分岗核算

◎主　编　刘晓华

◎副主编　（按姓氏笔画排序）

　　　　纪　悦　李冬芸　陈蔚林　黄丽宏

电子工业出版社

Publishing House of Electronics Industry

北京 · BEIJING

内 容 简 介

本书依据项目式教学模式编写，共计 6 个项目 17 个任务。以岗位能力为主导，提取会计岗位中的典型工作任务，以任务为驱动，构建学习情境，采用审单分析业务方法进行会计处理。本书的主要内容包括：项目一出纳岗位核算，代表性工作任务有库存现金核算、银行存款核算；项目二往来岗位核算，代表性工作任务有应收及预付款项核算、应付及预收款项核算；项目三资产岗位核算，代表性工作任务有材料物资核算、固定资产核算；项目四职工薪酬岗位核算，代表性工作任务有职工薪酬的计算、归集与分配、支付；项目五成本费用岗位核算，代表性工作任务有材料费用的归集与分配、辅助生产费用的归集与分配、制造费用的归集与分配、生产费用在完工产品与在产品之间的分配；项目六财务成果岗位核算，代表性工作任务有收入的确认与核算、费用的确认与核算、税金及附加的确认与核算、利润的核算。

本教材可作为职业院校会计及相关专业教学用书，也可作为社会在职人员会计岗位培训用书。

图书在版编目（CIP）数据

企业会计分岗核算 / 刘晓华主编. —北京：电子工业出版社，2019.7

ISBN 978-7-121-35082-5

Ⅰ. ①企… Ⅱ. ①刘… Ⅲ. ①企业管理－会计－职业教育－教材 Ⅳ. ①F275.2

中国版本图书馆 CIP 数据核字（2018）第 217973 号

策划编辑：张　凌
责任编辑：蒲　玥
印　　刷：北京虎彩文化传播有限公司
装　　订：北京虎彩文化传播有限公司
出版发行：电子工业出版社
　　　　　北京市海淀区万寿路 173 信箱　邮编　100036
开　　本：787×1092　1/16　印张：18.25　字数：467.2 千字
版　　次：2019 年 7 月第 1 版
印　　次：2024 年 1 月第 10 次印刷
定　　价：42.00 元

凡所购买电子工业出版社图书有缺损问题，请向购买书店调换。若书店售缺，请与本社发行部联系，联系及邮购电话：（010）88254888，88258888。

质量投诉请发邮件至 zlts@phei.com.cn，盗版侵权举报请发邮件至 dbqq@phei.com.cn。

本书咨询联系方式：（010）88254583，zling@phei.com.cn。

前 言
PREFACE

　　《国家中长期教育改革和发展规划纲要（2010—2020 年）》提出："大力发展职业教育。实行工学结合、校企合作、顶岗实习的人才培养模式"。技工教育的根本任务和培养目标就是要培养现代企业需要的、适应生产和服务第一线的技能型应用人才。这就促使技工院校的教师必须紧跟时代步伐，转变教育理念，在专业建设、课程设置、教材编写、教学内容与方法上下大功夫，做好职业教育课程开发的研究。值此之际，恰逢我校创建一流技师学院首开年，课程开发与建设尤为重要。为此，我们组织有丰富教学经验的教师编写了这本《企业会计分岗核算》。

　　本教材主要有以下几个特点。

　　1. 从职业能力出发，注重培养学生的职业技能。本教材围绕职业岗位需要，强调学习即工作、工作即学习，将学校与企业无缝对接。本教材以项目为引领，设置输出式职业能力目标，通过岗位分析提取会计典型工作任务，然后将典型工作任务转化为学生可以在学校学习的任务，每个项目由若干个任务构成，通过"任务引入、知识链接、岗位练兵（典型任务示例、任务演练、任务评价）"，引导学生有效学习并突出培养学生的职业岗位动手能力。

　　2. 紧跟时代步伐，体现税制改革的最新内容。2015 年 7 月，本书开始立项编写。2016年 5 月 1 日起，我国在各行业全面实行"营改增"，结束了营业税与增值税并行的现状。我们立即进行修订，删除营业税相关内容；调整相关会计科目，将原"营业税金及附加"科目修改为"税金及附加"科目；增加不同行业、不同税率的增值税相关内容，如转让无形资产增值税税率 6%，销售、租赁不动产 11% 税率及提供交通运输服务 11% 税率等。及至（财税【2018】32 号）正式下发《关于调整增值税税率的通知》，自 2018 年 5 月 1日起，纳税人发生增值税应税销售行为或者进口货物，原适用 17% 和 11% 税率的分别调整为 16% 和 10%。我们再一次对该教材进行修订。但刚修订完，2019 年政府工作报告又提出降税，自 2019 年 4 月 1 日起，制造业现行 16% 税率降为 13%，交通运输业、建筑等行业从 10% 降至 9%，这又是一次工作量巨大的修改，16% 和 10% 税率的单据占了本教材的大部分，税率改动则相应的增值税数据及银行票据数据都要改变，有的项目等同于全部重新编写了一遍。但我们责无旁贷，我们倾尽全力编写这本适合学生的、体现税制改革最新知识内容的会计实训教材。考虑到会计业务核算涉及到年底结算，同时又为了适应最新的税率，模拟企业各项目核算均以 2019 年 12 月的业务为例（典型任务示例则以 11 月的业务为例）。

3．案例选择贴近生活实际，有效拉近教材与学生之间的距离。本教材六个项目选用的模拟企业统一为"广州光辉灯具有限责任公司"。由于灯具是学生熟悉的日用品，其业务流程相对浅显易懂，以此为切入点编写教材，使学生不易产生疏离感，能有效地拉近教材与学生的距离。同时，只选择一个企业作为模拟对象，可以让学生系统、全面、深入地以实际的公司业务发生情况进行仿真学习。

4．本教材每个任务后都有"任务评价表"。可以使学生在任务演练后对自己完成任务的情况做一个评价，以明确自身是否达到岗位要求标准，强化对岗位的认识并反思自己的不足。

5．体例活泼，易懂易学。根据"理论够用为度，重在实践技能"的职业教育目标，本教材编写时尽量减少晦涩、深奥的理论知识，代之以"创设情境，任务引入""知识链接""岗位练兵"等板块有机集合，使得教材条理清晰、图文并茂。

本教材可作为职业院校会计及相关专业教学用书，也可作为社会在职人员会计岗位培训用书。

本教材的项目一、项目二由黄丽宏编写；项目三由纪悦编写；项目四由陈蔚林编写；项目五由李冬芸编写；项目六由刘晓华编写。

由于时间仓促，编者水平有限，难免会出现一些纰漏和不妥之处，恳请专家和读者批评指正。

刘晓华
2019 年 4 月于广州

目 录
CONTENTS

模拟企业概况及实训要求

一、模拟企业基本概况

企业概况

企业名称	广州光辉灯具有限责任公司	法人代表	李文亮
注册地址	广州市海珠区江南大道中 50 号	注册资本	1 000 万
企业类型	有限责任公司	经营产品	LED 灯具
经营方式	生产销售	开户行	中国工商银行广州江南大道中支行
账号	0124036184231234567	税务登记号	914401012325612199
纳税人类型	一般纳税人	增值税税率	13%

备注：模拟企业各项目核算均以 2019 年的业务为例。

企业销售产品及材料价目表

金额单位：元

产品名称	单位规格	不含税单价	原材料名称	单位规格	不含税单价
筒灯	箱（40 个/箱）	800.00	灯珠	箱（40 个/箱）	250.00
射灯	箱（40 个/箱）	1 000.00	筒灯外壳	箱（40 个/箱）	50.00
			射灯外壳	箱（40 个/箱）	100.00
			铝合金	箱（40 个/箱）	150.00

备注：由于采用实际成本法演练核算收发材料的成本，因此项目三材料价格可不按照该价目表，余各项目均参照该价目表。

产品及材料成本价目表

金额单位：元

产品名称	单位规格	单价	原材料名称	单位规格	单价
筒灯	箱（40 个/箱）	450.00	灯珠	箱（40 个/箱）	200.00
射灯	箱（40 个/箱）	600.00	筒灯外壳	箱（40 个/箱）	40.00
			射灯外壳	箱（40 个/箱）	80.00
			铝合金	箱（40 个/箱）	120.00

备注：该成本价目表也作为项目三材料的计划成本价目表。

供应商及客户信息资料

序号	单位名称	信息资料
1	广州南华灯具厂	纳税人识别号：914401106669912344 地址、电话：广州市白云区机场路 666 号 020-87650001 开户行及账号：中国工商银行机场路支行 2402000819864256960
2	深圳岭南材料厂	纳税人识别号：914403016669923455 地址、电话：深圳市红岭路 169 号 0755-87650002 开户行及账号：中国工商银行红岭支行 2402001609435632378
3	广州珠江灯具厂	纳税人识别号：914401066669934566 地址、电话：广州市天河区马场路 555 号 020-87650003 开户行及账号：中国工商银行马场路支行 2402007809468976543
4	珠海澳广材料厂	纳税人识别号：914404026669945677 地址、电话：珠海市香洲区桂花南路 777 号 0756- 877650004 开户行及账号：中国工商银行拱北支行 2402000629636489552
5	广州五羊设备厂	纳税人识别号：914401040123458888 地址、电话：广州市越秀区东风路 233 号 020-86632277 开户行及账号：中国工商银行东风路支行 2406323366611234567
6	广州建筑材料厂	纳税人识别号：914401140123457777 地址、电话：广州市花都区建设北路 333 号 020-87678893 开户行及账号：中国工商银行建设北路支行 240632336662765321
7	广州江湾材料厂	纳税人识别号：914401050123458877 地址、电话：广州市海珠区仲恺路 666 号 020-87678893 开户行及账号：中国工商银行江湾支行 2406323366637654321
8	广州市光科有限责任公司	纳税人识别号：914401033258541888 地址、电话：广州市番禺区洛浦路 33 号 020-87671122 开户行及账号：中国工商银行番禺洛溪支行 2406323322268767112
9	广州明珠有限责任公司	纳税人识别号：914401011258963144 地址、电话：广州市增城区新塘镇 020-87679952 开户行及账号：中国工商银行广州新塘汇美支行 2406323302588767995
10	时代责任有限公司	纳税人识别号：914401011556904055 地址、电话：广州市番禺区市桥平康路 589 号 020-87670845 开户行及账号：中国工商银行番禺平康支行 2406323300228767084
11	中洁责任有限公司	纳税人识别号：914420044552536033 地址、电话：中山市东凤镇同安大道中 111 号 0760-88266897 开户行及账号：中国工商银行中山东凤支行 2406323366638826689
12	顺德功成有限责任公司	纳税人识别号：914406015623941422 地址、电话：顺德市容桂镇容奇大道北 62 号 0757-22838180 开户行及账号：中国工商银行顺德容桂支行 2406325507572283818
13	顺德九九物流有限公司	纳税人识别号：914406032526788544 地址、电话：顺德市容桂镇桂州大道南 02 号 0757-2225689 开户行及账号：中国工商银行顺德容桂支行 2406326578852225689

序号	单位名称	信息资料
14	东莞市泰鼎有限公司	纳税人识别号：914419005645281500 地址、电话：东莞市莞城街 158 号 0769-22831111 开户行及账号：中国工商银行东莞八达路支行 9558800565685228311
15	东莞华杰运输有限公司	纳税人识别号：914419032526788599 地址、电话：东莞市厚街西路 654 号 0769-22123654 开户行及账号：中国工商银行东莞厚街支行 9558800558546221236
16	佛山机械有限公司	纳税人识别号：914406015030895621 地址、电话：佛山市南海区桂城大道 58 号 0757-3369852 开户行及账号：中国工商银行南海桂华支行 2406325530893369852
17	中山市华洋有限公司	纳税人识别号：914420061812666833 地址、电话：中山市小榄镇工业大道中 99 号 0760-88268599 开户行及账号：中国工商银行中山市小榄支行 0282026548313688268
18	广州市灯具制造有限公司	纳税人识别号：914401013265789521 地址、电话：广州市荔湾区花地大道 87 号 020-87676602 开户行及账号：中国工商银行广州芳村支行 2406323325888767660
19	广州市妙勒塑料有限公司	纳税人识别号：914401098756432156 地址、电话：广州市海珠区江南大道 1 号 020-87678456 开户行及账号：中国工商银行广州江南大道中支行 2406323332568767845
20	广州市美嘉电器有限公司	纳税人识别号：914401018523965422 地址、电话：广州市花都区狮岭镇人民大道 88 号 020-8546632 开户行及账号：中国工商银行广州花都狮岭支行 2406323333968546632
21	中山市大华家电有限公司	纳税人识别号：914420062233568744 地址、电话：中山市小榄镇 285 号 0760-88265504 开户行及账号：中国工商银行中山市小榄支行 0035444589558823550
22	广州市中兴五金有限责任公司	纳税人识别号：914401125135719200 地址、电话：广州市花都区狮岭镇 33 号 020-8895621 开户行及账号：中国工商银行花都狮岭支行 0332065421588956211
23	广州市华联有限责任公司	纳税人识别号：914401025135719200 地址、电话：广州市越秀区德政北路 122 号 020-83356797 开户行及账号：中国工商银行越秀办 0332025781665521344
24	顺德灯饰有限责任公司	纳税人识别号：914406070013156722 地址、电话：顺德市大良东康路 121 号 0757-22336470 开户行及账号：中国工商银行大良办 0181016458212633185
25	汕头市华新有限责任公司	纳税人识别号：914405005608349563 地址、电话：汕头市太平路 15 号 0754-86236479 开户行及账号：中国银行太平路办 001510188283
26	珠海家乐福商场	纳税人识别号：914404034331072811 地址、电话：珠海市沿江路 40 号 0756-3330127 开户行及账号：中国银行沿江路办 112309332118
27	广州星艺装饰有限公司	纳税人识别号：914401041006538744 地址、电话：广州市白云区黄石路 18 号 020-86659482 开户行及账号：中国银行广州黄石路办 014203158331

二、核算要求

根据广州光辉灯具有限责任公司某月发生的业务，分项目进行任务演练。

1．填制及审核原始凭证。

2．填制记账凭证。

3．登记明细账。

4．进行任务评价。

三、实训环境

会计模拟实训室，配有相关原始凭证、记账凭证、账簿、实物展台等。

四、说明

1．实训中会出现较多的增值税专用发票，而其记账联与抵扣联除了联次不同基本是一样的。鉴于印刷成本及外观美观性，仅在典型任务示例中保留抵扣联，而在任务演练中就没有重复出现抵扣联。

2．由于银行现行实际当中只有普通支票，因此，实训中的支票都以普通支票呈现（无现金支票和转账支票）。普通支票可用于支取现金，也可用于转账。当用于转账时在普通支票左上角划两条平行线，作为划线支票。划线支票只能用于转账，不得支取现金。

项目一

●●●●●● **出 纳 岗 位 核 算**

✐项目导读

　　出纳工作是做好会计核算的基础，也是做好经济工作不可缺少的链条。出纳岗位需按照有关规定和制度，办理本单位的现金收付、银行结算及有关账务，保管并清点货币资金、有价证券、财务印章及有关票据等工作。本项目通过对学生加强出纳工作中库存现金核算、银行存款核算的实训学习，让学生能熟悉出纳人员的岗位职责，并能熟练掌握出纳人员的工作范围和工作流程。

职业能力目标

　　1. 能够根据库存现金和银行存款的收付，填制收款记账凭证或者付款记账凭证，并登记库存现金日记账和银行存款日记账。
　　2. 能够在没有教师的指导下，根据各项经济业务所发生的收付款项，独立审核原始凭证，并做出正确的账务处理。
　　3. 能够盘点库存现金，做出库存现金清查盘盈、盘亏的账务处理。
　　4. 能够掌握银行存款的清查过程，根据清查结果编制银行余额调节表。
　　5. 能够填写支票、开具增值税发票、开出现金收（支）凭证，编写库存现金盘点报告表等。

任务一　库存现金核算

一、任务引入

　　马可是一名职业技术学院会计专业的在校生，他家有一间电器厂（广州光辉灯具有限责任公司）。暑假期间马可到厂里帮忙作起了出纳工作，主要负责收款与支付购买原材料的货款，现金收付，似乎是挺简单的工作。马可想把平时学到的会计知识应用于工作当中，那么现金收付需要填写哪些凭证呢？购买材料并不是当次付款怎么记账？给员工发工资怎么核算呢？

二、知识链接

链接1：库存现金的概述

库存现金是指留存于企业，由财会部门出纳人员经管的货币。库存现金是企业内流动性最强的资产，企业必须按照国家有关规定，对库存现金进行严格管理。

链接2：现金的使用范围

（1）职工工资津贴。（2）个人劳动报酬。（3）根据国家规定颁发给个人的科学技术、文化艺术、体育运动等奖金。（4）各种劳保福利费及国家规定对个人的其他支出费。（5）向个人收购农副产品和其他物资的价款。（6）出差人员必须随身携带的差旅费。（7）结算起点（银行规定是1000元）以下的零星支出。

链接3：现金的支付业务

收款时：开出收据、发票、增值税专用发票、现金支票等，并在开具的收款原始凭证上加盖"现金收讫"章。付款时：取得购货发票、车船票、飞机票、工资汇总表、借款单、差旅费报销单、费用报销单等，并在取得的付款原始凭证上加盖"现金付讫"章。出纳员在收取或者支付款项时，必须当面点清现金，要求收款人或付款人清点确认，避免出现差错。

链接4：库存现金的业务核算

企业应当设置"库存现金"科目对库存现金进行总分类核算。该科目是资产类科目，期末余额在借方，表示库存现金的实际留存金额。

库存现金日记账必须采用订本式账簿，防止账页丢失或随意抽换，并且一般采用借、贷、余三栏式账簿。库存现金日记账必须逐日逐笔进行登记，日清月结。月末终了时，必须保证总分类账户中库存现金账户余额应与库存现金日记账余额核对相符。

链接5：库存现金的清查盘点处理

企业在日常的工作中，出纳员应当采用实地盘点法清点现金，必须每日清点库存现金实有数，并将账面余额数同实存现金金额进行核对，做到日清月结，保证账实相符。不准挪用公款，也不准用"白条"抵充库存现金。

	点盘点后发现账实不符后	批准处理意见后
现金溢余 （盘盈）	借：库存现金 　　贷：待处理财产损溢——待处理流动资产损溢	借：待处理财产损溢——待处理流动资产损溢 　　贷：营业外收入（无法查明原因） 　　　　其他应付款（查明原因应补付款）
现金短缺 （盘亏）	借：待处理财产损溢——待处理流动资产损溢 　　贷：库存现金	借：其他应收款（查明事故责任人，赔偿） 　　管理费用（管理不善造成损失、无法查明原因） 　　营业外支出（由于自然灾害造成损失） 　　贷：待处理财产损溢——待处理流动资产损溢

三、岗位练兵

典型任务示例

2019 年 11 月 1 日，公司以现金购买办公用品一批。相关原始凭证如图表 1-1-1、图表 1-1-2、图表 1-1-3 及图表 1-1-4 所示。

▼图表 1-1-1▼

4400163320　　　广东增值税专用发票　　No. 3145xx

发票联

开票日期：2019 年 11 月 1 日

购买方	名　　　称：广州光辉灯具有限责任公司 纳税人识别号：914401012325612199 地址、电话：广州市海珠区江南大道中 50 号 020- 84541245 开户行及账号：中国工商银行广州江南大道中支行 0124036184231234567				密码区	略		
货物或应税劳务、服务名称	规格型号	单位	数　量	单价	金　额	税率	税　额	
*笔记本		本	22	5.00	110.00	13%	14.30	
*签字笔		支	20	4.50	90.00	13%	11.70	
*尺子		把	15	4.00	60.00	13%	7.80	
*订书机		台	1	25.00	25.00	13%	3.25	
合　　　计					¥285.00		¥37.05	
价税合计（大写）		⊗叁佰贰拾贰元零伍分				（小写）¥322.05		
销售方	名　　　称：广州中华文具有限公司 纳税人识别号：914401110138855522 地址、电话：广州市越秀区一德路 33 号 020-87671155 开户行及账号：中国工商银行一德路支行 6606323322268767537				备注	广州中华文具有限公司 914401110138855522 发票专用章		

收款人：叶肖　　　　复核：叶肖　　　　开票人：黄成　　　　销售方：（章）

第二联：发票联　购买方记账凭证

▼图表 1-1-2▼

4400163320　　广东增值税专用发票　　No. 3145xx

开票日期：2019 年 11 月 1 日

	名　　　称：广州光辉灯具有限责任公司					密 码 区	略		
购 买 方	纳税人识别号：914401012325612199								
	地址、电话：广州市海珠区江南大道中 50 号 020- 84541245								
	开户行及账号：中国工商银行广州江南大道中支行 　　　　　　　　0124036184231234567								

货物或应税劳务、服务名称	规格型号	单位	数量	单价	金额	税率	税额
*笔记本		本	22	5.00	110.00	13%	14.30
*签字笔		支	20	4.50	90.00	13%	11.70
*尺子		把	15	4.00	60.00	13%	7.80
*订书机		台	1	25.00	25.00	13%	3.25
合　　　　计					¥285.00		¥37.05
价税合计（大写）	⊗叁佰贰拾贰元零伍分				（小写）¥322.05		

	名　　　称：广州中华文具有限公司		备 注	
销 售 方	纳税人识别号：914401110138855522			广州中华文具有限公司 914401110138855522 发票专用章
	地址、电话：广州市越秀区一德路 33 号 020-87671155			
	开户行及账号：中国工商银行一德路支行 　　　　　　　　6606323322268767537			

收款人：叶肖　　　　复核：叶肖　　　　开票人：黄成　　　　销售方：（章）

第三联：抵扣联　购买方扣税凭证

▼图表 1-1-3▼

费用报销单

报销部门：行政部门　　　　　　2019 年 11 月 1 日　　　　　　附件　共：2 张

用途	金额	备注				
购买办公用品	322.05					
		部 门 会 计 签 批	同意	部 门 经 理 审 核	同意	
报销金额合计	¥322.05					
金额大写：人民币叁佰贰拾贰元零五分		原借款：0.00　元		应退余额：0.00　元		

▼图表1-1-4▼

现金支出凭单

第 001 号

2019 年 11 月 1 日   附件 3 张

兹　因　　购买办公用品一批　　　　　　　　　　　　　　

付　给（收款人）　广州中华文具有限公司　　　　　　　　　　

| 现金付讫 |

人民币（大写）　叁佰贰拾贰元零五分　　　　　　¥322.05　　　

付款人（或单位）广州光辉灯具有限责任公司　　（签章）

步骤1：审核原始凭证。
步骤2：编制记账凭证。

记账凭证

2019 年 11 月 1 日   记 字第 001 号

摘要	总账科目	明细科目	借方金额										贷方金额										√
			千	百	十	万	千	百	十	元	角	分	千	百	十	万	千	百	十	元	角	分	
购买办公用品	管理费用	办公费						2	8	5	0	0											
	应交税费	应交增值税（进项税额）							3	7	0	5											
	库存现金																		3	2	2	0	5	
附件：4 张																							
合计							¥	3	2	2	0	5					¥	3	2	2	0	5	

财务主管：　　　　审核：　　　　记账：　　　　出纳：　　　　制单：李辉

步骤3：登记收入明细账。

库存现金日记账（三栏式）

会计科目：库存现金

2019 年		凭证		摘要	√	借方									贷方									借或贷	余额								
月	日	种类	号数			千	百	十	万	千	百	十	元	角	分	千	百	十	万	千	百	十	元	角	分		千	百	十	万	千	百	十	元	角	分
11	1			期初余额																						借					5	3	2	2	0	5
11	1	记	001	购买办公用品																	3	2	2	0	5	借					5	0	0	0	0	0

![任务演练]

广州光辉灯具有限责任公司 2019 年 12 月初"库存现金"账户余额为 5 000 元，在 12 月份发生现金收付业务如下。

1. 12 月 2 日，从银行提取现金 700 元备用，填写支票一张。请填制相关原始凭证如图表 1-1-5 所示。

▼**图表 1-1-5**▼

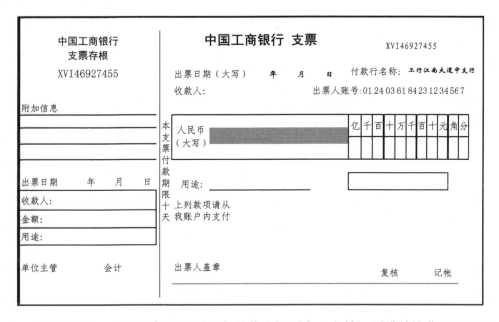

2. 12 月 14 日，由于业务需要派业务员黄小娜到中山出差，预借差旅费 2 000 元，以现金付讫。请填制相关原始凭证如图表 1-1-6 所示。

▼**图表 1-1-6**▼

借（领）款单

年　月　日

单位或部门				
借（领）款 原　　因				
金　　额	人民币（大写）		¥	
单位主管审批	财务主管审核	部门主管审核		借（领）款人

3. 12 月 15 日，销售人员方华杰报销餐费。请填制相关原始凭证如图表 1-1-7、1-1-8 所示。

▼图表 1-1-7▼

4400163320　广东增值税普通发票　No. 3145xx

发票联

开票日期：2019 年 12 月 15 日

购买方	名　　　　称：广州光辉灯具有限责任公司 纳税人识别号：914401012325612199 地址、电话：广州市海珠区江南大道中 50 号 020- 84541245 开户行及账号：中国工商银行广州江南大道中支行 0124036184231234567					密码区	略	
货物或应税劳务、服务名称	规格型号	单位	数量	单价	金额	税率	税额	
*餐饮服务 *餐费			1	589.38	589.38	6%	37.62	
合　　　计					¥589.38		¥37.62	
价税合计（大写）	⊗陆佰贰拾柒元整				（小写）　¥627.00			
销售方	名　　　　称：广州丸创餐饮有限责任公司 纳税人识别号：914401060746215634 地址、电话：广州市天河区体育东路 13 号 020 -85201661 开户行及账号：中国银行广州体育东路支行 731876423014					备注		

收款人：叶肖　　　　复核：叶肖　　　　开票人：黄成　　　　　　销售方：（章）

第二联：发票联　购买方记账凭证

▼图表 1-1-8▼

现金支出凭单　　　　　　第 001 号

年　月　日　　　　　　　附件 1 张

兹　因_____

付　给（收款人）_____

现金付讫

人民币（大写）_____　¥_____

付款人（或单位）　　　　　　（签章）

4. 12 月 19 日，出租包装物给广州市光科有限公司，并收取押金 900 元。请填制相关原始凭证如图表 1-1-9 所示。

▼图表 1-1-9▼

收　据

____年__月__日　　　　　　　　　　No. _____

今收到	_____	
交　来	_____	现金收讫
人民币（大写）_____		
收款人：_____	交款人：_____	
（盖章）		

　　5．12 月 19 日，出纳员进行现金盘点时发现现金短缺 300 元。请填制相关原始凭证，如图表 1-1-10 所示。（注意：实存数考虑本月库存现金到目前为止所有发生额）

▼图表 1-1-10▼

库存现金盘点报告表

年　　月　　日

单位名称：				
实存金额	账存金额	盈亏情况		备　注
		盘盈数	盘亏数	
处理意见：				

主管：　　　　　　　　　会计：　　　　　　　　　出纳：

　　6．12 月 23 日，经核查发现，现金短款中有 200 元因出纳员小丽工作失误造成，另 100 元无法查明原因，已收到小丽赔偿款。请填制原始凭证，如图表 1-1-11 所示。

　　（请于上题"处理意见"中注明短缺款处理意见）

▼图表 1-1-11▼

收　据

____年__月__日　　　　　　　　　　No. _____

今收到	_____	
交　来	_____	现金收讫
人民币（大写）_____		
收款人：_____	交款人：_____	
（盖章）		

　　7．12 月 21 日，财务部报销业务学习培训费，支付职工培训费 3 000 元。请填制相关原始凭证，如图表 1-1-12、图表 1-1-13 所示。

▼图表 1-1-12▼

4400163320　广东增值税普通发票　No. 3145xx

发票联

开票日期：2019 年 12 月 21 日

购买方	名　　　称：广州光辉灯具有限责任公司 纳税人识别号：914401012325612199 地址、电话：广州市海珠区江南大道中 50 号 020- 84541245 开户行及账号：中国工商银行广州江南大道中支行 　　　　　　　0124036184231234567	密码区	略

货物或应税劳务、服务名称	规格型号	单位	数量	单价	金额	税率	税额
*培训费			1	2 912.62	2 912.62	3%	87.38
合　　　计					¥2 912.62		¥87.38

价税合计（大写）　⊗叁仟元整	（小写）¥3 000.00

销售方	名　　　称：广州创新教育培训有限公司 纳税人识别号：914401060746219456 地址、电话：广州市海珠区昌岗东路 13 号　020 -85257788 开户行及账号：中国工商银行广州昌岗东路支行 　　　　　　　6001173229056981258	备注	广州创新教育培训有限公司 914401060746219456 发票专用章

收款人：叶肖　　　复核：叶肖　　　开票人：黄　成　　　销售方：（章）

第二联：发票联　购买方记账凭证

▼图表 1-1-13▼

现金支出凭单

第 002 号

年　月　日　　　　　　　　　　　附件　张

兹　因 _____

付　给（收款人）_____

人民币（大写）_____　¥_____

付款人（或单位）　　　　　　（签章）

8. 12 月 23 日，从五金店购买锤子一个 60 元、手套 20 包 200 元、包装物 80 件 400 元，支出现金 660 元。请填制相关原始凭证如图表 1-1-14、图表 1-1-15 所示。

▼图表 1-1-14▼

收据

2019 年 12 月 23 日　　　　　No. 001

今收到　　广州光辉灯具有限责任公司

交　来　　购买锤子、手套、包装物款

现金收讫

人民币（大写）　陆佰陆拾元整 _____ ¥660.00

收款人：广州市天坛五金店　　　　　交款人：业务员小李

（盖章）

▼图表 1-1-15▼

入库单

年　月　日　　　　　　　　　　　　　　　　　金额单位：元

名称	数量	单位	单价	金额	运费	安装费	合计	备注
合计								
验收部门：								

会计：　　　　　　　　　　　　　　　　　　　　　制单：

9．12 月 26 日，黄小娜从中山回来后报销差旅费 1 620 元（其中车船费 350 元，住宿费每天 180 元，一共 4 天，伙食费 550 元），返还现金 380 元。相关原始凭证如图表 1-1-16 所示。

▼图表 1-1-16▼

差旅费报销单（代支出凭单）

附件：3 张　　　　　　　　　　　　　　　　2019 年 12 月 26 日

出差人	黄小娜	共 1 人	职务	业务员	部门	业务部		
出差事由	考察原材料厂			自	2019 年 12 月 15 日			
到达地点	中山市			至	2019 年 12 月 19 日共 4 天			

项目金额	交通工具				伙食费	旅馆费					
	火车	汽车	轮船	飞机		住宿 4 天	在途	天	住宿	4	天
	350				550	720					

总计人民币（大写）壹仟陆佰贰拾元整			
原借款金额	报销金额	交结余或超支金额¥380.00	
2 000	1 620	人民币（大写）叁佰捌拾元整	

单位负责人：　　　会计主管：　　　　报销人：黄小娜

10．12 月 29 日，从银行提取现金 122 800 元并发放工资。请填制相关原始凭证，如图表 1-1-17、图表 1-1-18、图表 1-1-19 所示。

▼图表 1-1-17▼

工资结算汇总表

2019 年 11 月 26 日—2019 年 12 月 26 日　　　　　　金额单位：元

部门	标准工资	计件工资	伙食补贴	奖金	应付工资	应扣小计	实发工资
车间生产工人	80 000	20 000	5 000	3 000	108 000	4 500	103 500
车间管理人员	6 000		600	500	7 100	1 100	6 000
厂部管理人员	7 000		600	600	8 200	1 200	7 000
业务人员	5 500		600	1 000	7 100	800	6 300
合计							122 800

制表：王晓晓

▼图表 1-1-18▼

中国工商银行 支票存根 XVI46927455 附加信息 出票日期　年　月　日 收款人： 金额： 用途： 单位主管　　会计	中国工商银行 支票　　　　XVI46927455

中国工商银行 支票　　　　XVI46927455
出票日期（大写）　年　月　日　　付款行名称：工行江南大道中支行
收款人：　　　　　　出票人账号：01 24 03 61 84 23 12 34 56 7

本支票付款期限十天	人民币（大写）		亿	千	百	十	万	千	百	十	元	角	分

用途：
上列款项请从我账户内支付
出票人盖章　　　　　　复核　　记帐

▼图表 1-1-19▼

工资条
2019 年 11 月 26 日—2019 年 12 月 26 日　　　　　　金额单位：元

部门	标准工资	计件工资	伙食补贴	奖金	应付工资	应扣小计	实发工资	负责人签名
车间生产工人	80 000	20 000	5 000	3 000	108 000	4 500	103 500	林晓刚
车间管理人员	6 000		600	500	7 100	1 100	6 000	李勇
厂部管理人员	7 000		600	600	8 200	1 200	7 000	冯庆
业务人员	5 500		600	1 000	7 100	800	6 300	刘小萍
合计							122 800	

制表：王晓晓

11．12 月 31 日，出纳人员在库存现金清查中，发现库存现金较账面余额多出 180 元，经反复核查，上述库存现金长款原因不明，经批准转作营业外收入处理。请填制相关原始凭证，如图表 1-1-20 所示。（注意：实存数考虑本月库存现金所有发生额）

▼图表 1-1-20▼

库存现金盘点报告表
年　月　日

单位名称：				
实存金额	账存金额	盈亏情况		备　注
		盘盈数	盘亏数	
处理意见：				

主管：　　　　　　　　　会计：　　　　　　　　　出纳：

C 任务评价

实训目标	评分	评分标准	得分
填写原始单据（发货单、增值税专用发票、费用报销单、借款单、库存现金盘点报告表等）表	40	减分制，每填错、漏填一项扣2分	
记账凭证的填制与审核	40	减分制，每填错、漏填一项凭证要素扣2分	
登记有关库存现金日记账	20	减分制，每填错、漏填一项扣2分	
合　计			

任务二　银行存款核算

一、任务引入

马可家的电器厂规模越来越大了，今年暑假，马可又回到厂里做出纳员的工作。但与上一年不同的是，马可发现在平时的业务来往中，支付方式更多地采用银行转账或者电汇方式等，所以除了要学会如何到银行办理各种业务以外，还要掌握在各种不同情况下的银行存款收付业务的账务核算技能，马可能胜任这次的工作吗？

二、知识链接

链接1：银行存款概述

银行存款是指企业存放在银行或者其他金融机构的货币资金。

银行存款账户可分为基本存款账户、一般存款账户、专用存款账户和临时存款账户。

链接2：银行存款业务的核算

除了总分类账户核算，为了更清晰地反映企业银行存款的收入、支出、结余情况，企业还应当按照开户银行存款种类等，设置"银行存款日记账"进行明细分类账登记。该账簿可使用三栏式格式进行序时登记。银行存款日记账由出纳人员根据审核无误的记账凭证，按照业务发生的时间先后顺序逐日逐笔进行登记，每日终了，应结出余额。

链接3：银行借款的核算

（一）短期借款的账务处理

短期借款借入、应计利息和归还本息账务核算处理如下所示。

经济业务	账务处理
企业向银行借入短期借款时，根据贷款凭证编制会计分录	借：银行存款 　　贷：短期借款
根据银行借款利息计算表预提短期借款利息	借：财务费用 　　贷：应付利息
付利息时，根据特种转账凭证记账编制会计分录	借：应付利息 　　贷：银行存款
到期归还短期借款本金	借：短期借款 　　贷：银行存款

（二）长期借款的账务处理

长期借款借入、应计利息和归还本息账务核算处理如下所示。

经济业务	账务处理
企业向银行借入长期借款时，根据贷款凭证编制会计分录	借：银行存款 　　贷：长期借款 在使用这笔借款时： 借：在建工程（长期借款借入的期限在一年以上，不会直接计入固定资产） 　　贷：银行存款
长期借款所发生的利息支出	借：管理费用（属于筹建期间） 　　在建工程（固定资产尚未达到预定可使用状态前） 　　财务费用（属于生产期间或者固定资产达到预定可使用状态后的利息支出） 　　制造费用 　　研发支出 　　贷：长期借款——应计利息（到期一次还本付息） 　　　　应付利息（分次付息）
到期一次归还长期借款本息时	借：长期借款——本金 　　长期借款——应计利息 　　贷：银行存款

链接 4：银行存款的清查核对

企业填制的"银行存款日记账"应定期与银行转来的"银行对账单"进行核对，并且每月至少核对一次，以查明银行存款的实有数额。对于未达账项，企业一般通过编制"银行余额调节表"进行调节，以消除未达账项对双方账面的影响，其计算公式如下：

企业银行存款日记账＋银行已收而企业未收的款项－银行已付而企业未付的款项

＝银行对账单余额＋企业已收而银行未收的款项－企业已付而银行未付的款项

注意："银行存款余额调节表"只起到核对账目作用，不能作为调节银行存款调节账面余额的原始凭证（记账依据）。

三、岗位练兵

🎯 典型任务示例

2019 年 11 月 3 日，收到投资人黎伟的投资款 500 000 元，已办理完相关手续。相关原始凭证如图表 1-2-1、图表 1-2-2 所示。

▼图表 1-2-1▼

出资证明书

广州光辉灯具有限责任公司因扩大经营规模，经公司股东慎重研究，吸收新股东黎伟合伙经营，吸收投资资本为人民币（大写）伍拾万元整（¥500 000.00）。广州市工商局已于 2019 年 11 月 3 日核准。

特此证明

投资方（盖章）黎伟　　　　　　　　　　　　致此

　　　　　　　　　　　　　　　　　　　　　受资方（盖章）李亮

▼**图表 1-2-2**▼

中国工商银行进账单 （收账通知） **1**

2019 年 11 月 3 日

收款人	全　称	广州光辉灯具有限责任公司	付款人	全　称	黎伟	
	账　号	0124036184231234567		账　号	1123082635667412589	
	开户银行	中国工商银行 广州江南大道中支行		开户银行	中国工商银行花都新华支行	此联是开户银行交给持票人的回单

金额	人民币 （大写）伍拾万元整	亿	千	百	十	万	千	百	十	元	角	分
				¥	5	0	0	0	0	0	0	0

票据种类	转支	票据张数	1

中国工商银行
广州江南大道中支行
2019.11.03
收　讫

复核：叶国豪　　　记账：

开户银行盖章

步骤 1：审核原始凭证。

步骤 2：编制记账凭证。

记账凭证

2019 年 11 月 3 日　　　　　　　　　记字 第 001 　号

摘要	总账科目	明细科目	借方金额										贷方金额										√
			千	百	十	万	千	百	十	元	角	分	千	百	十	万	千	百	十	元	角	分	
接收投资	银行存款	中国工商银行		5	0	0	0	0	0	0	0	0											
	实收资本	黎伟												5	0	0	0	0	0	0	0	0	
附件：2 张																							
合计			¥	5	0	0	0	0	0	0	0	0	¥	5	0	0	0	0	0	0	0	0	

财务主管：　　　　审核：　　　　记账：　　　　出纳：　　　　制单：李辉

步骤 3：登记收入明细账。

银行存款日记账（三栏式）

会计科目：银行存款

2019年		凭证		摘要	√	借方										贷方										借或贷	余额									
月	日	种类	号数			千	百	十	万	千	百	十	元	角	分	千	百	十	万	千	百	十	元	角	分		千	百	十	万	千	百	十	元	角	分
11	1			期初余额																						平										0
11	3	记	001	接收投资			5	0	0	0	0	0	0	0	0											借		5	0	0	0	0	0	0	0	0

任务演练

1. 12 月 3 日，众达有限公司投入资金 2 000 000 元，经协商接受投资资本为 1 000 000 元。相关原始凭证如图表 1-2-3 所示。

▼图表 1-2-3▼

中国工商银行进账单（收账通知）　　1

2019 年 12 月 3 日

收款人	全　称	广州光辉灯具有限责任公司	付款人	全　称	众达有限公司
	账　号	0124036184231234567		账　号	1123065802028541236
	开户银行	中国工商银行广州江南大道中支行		开户银行	中国工商银行江高支行

金额	人民币 （大写）贰佰万元整	亿	千	百	十	万	千	百	十	元	角	分
			¥	2	0	0	0	0	0	0	0	0

票据种类	转支	票据张数	1	
				中国工商银行 广州江南大道中支行 2019.12.03 收讫
复核：叶国豪　　　记账：				开户银行盖章

2. 12 月 6 日，从广州市光科有限责任公司购入生产材料灯珠 20 箱，单价 200 元，价款 4 000 元，增值税税率为 13%。射灯外壳 40 箱，单价 80 元，价款 3 200 元，材料尚未收到。开出转账支票以支付。请填制相关原始凭证如图表 1-2-4、图表 1-2-5。

▼图表 1-2-4▼

▼图表 1-2-5▼

400142140　　广东增值税专用发票　　No. 0000xx

发票联

开票日期：2019 年 12 月 6 日

	名　　　称：广州光辉灯具有限责任公司					密	
购买方	纳税人识别号：914401012325612199					码	略
	地址、电话：广州市海珠区江南大道中 50 号 020-84541245					区	
	开户行及账号：中国工商银行广州江南大道中支行						
	0124036184231234567						

货物或应税劳务、服务名称	规格型号	单位	数量	单价	金额	税率	税额
*灯珠	40 个/箱	箱	20	200.00	4 000.00	13%	520.00
*射灯外壳	40 个/箱	箱	40	80.00	3 200.00	13%	416.00
合　　计					¥7 200.00		¥936.00
价税合计（大写）	⊗捌仟壹佰叁拾陆元整				（小写）¥8 136.00		

	名　　　称：广州市光科有限责任公司		
销售方	纳税人识别号：914401033258541888	备	
	地址、电话：广州市番禺区洛浦路 33 号 020-87671122	注	
	开户行及账号：中国工商银行番禺洛溪支行		
	2406323322268767112		

收款人：　　　复核：　　　开票人：陈小玲　　　销售方：（章）

第二联：发票联　购买方记账凭证

3．12 月 11 日，本公司因急需流动资金从银行借入期限为 6 个月的短期借款，借款金额为 100 000 元，年利率为 5%，款项已存入银行。请填制相关原始凭证，如图表 1-2-6 所示。

▼图表 1-2-6▼

中国工商银行借款凭证（收账通知）

借款单位名称：　　　　　　年　　月　　日

贷款种类		贷款账户											
借款金额	人民币（大写）		亿	千	百	十	万	千	百	十	元	角	分
借款用途													
约定还款期		于　　年　　月　　日到期											
上列借款已批准发放，转入你单位存款账户。 此致 银行签章 敬礼	单位： 主管：　会计： 记账： 　　年　　月　　日 业务清讫												

中国工商银行
广州江南大道中支行
2019.12.11
收讫

4．12 月 18 日，向中山市华洋有限公司销售筒灯 50 箱，单价 800 元；射灯 80 箱，单价 1 000 元，增值税税率为 13%。款项已通过网上划转至银行账户。请填制相关原始凭证，如图表 1-2-7、图表 1-2-8、图表 1-2-9 所示。

▼图表 1-2-7▼

电子汇划收款回单

2019 年 12 月 18 日　　　　　流水号：

付款人	全称	中山市华洋有限公司	收款人	全称	广州光辉灯具有限责任公司
	账号	0282026548313688268		账号	0124036184231234567
	开户行	中国工商银行中山市小榄支行		开户行	中国工商银行广州江南大道中支行
金额		（大写）壹拾叁万伍仟陆佰元整			¥135 600.00
用途				货款	

备注：

汇划日期：2019 年 12 月 18 日　　　　汇划流水号：000001

汇出行行号：0282026548313688268　　　原凭证种类：

原凭证号码：　　　　　　　　　　　　原凭证金额：

汇款人地址：

收款人地址：

实际收款人账号：0124036184231234567

实际收款人名称：广州光辉灯具有限责任公司　　　　银行盖章

（银行盖章）中国工商银行 广州江南大道中支行 2019.12.18 收讫

▼图表 1-2-8▼

发货单

购货单位：　　　　　　　　　　　单据编号：No. 0000xx

纳税人识别号：　　　　　　　　　　地址和电话：

开户银行及账号：　　　　　　　　　制单日期：

产品名称	计量单位	数量	单价	金额	备注
合计	人民币（大写）				

总经理：　　　　销售经理：　　　　经手人：　　　　签收人：

▼图表 1-2-9▼

4400142140　　广东增值税专用发票　No. 0000xx

记账联

开票日期：　　年　月　日

购买方	名　　称： 纳税人识别号： 地址、电话： 开户行及账号：				密码区		略			
	货物或应税劳务、服务名称	规格型号	单位	数量	单价		金额	税率	税额	
	合　　计									
	价税合计（大写）	⊗					（小写）			
销售方	名　　称： 纳税人识别号： 地址、电话： 开户行及账号：				备注					

收款人：　　　复核：　　　开票人：　　　销售方：（章）

第一联：记账联　销售方记账凭证

5. 12 月 21 日，用银行存款支付前欠银行利息 1 000 元。相关原始凭证如图表 1-2-10 所示。

▼图表 1-2-10▼

计付贷款利息（付款通知）

广州江南大道中支行　　　　　　　　　　　　No. 01

账号 0124036184231234567			2019 年 12 月 21 日
名称	广州市光辉灯具有限责任公司		
日期	2019.11.21—2019.12.21		
行号	计息总积数	利率	利息金额
102581000675	240 000.00	5%	1 000.00

（银行盖章）注：短期借款利息已计提

6. 12 月 22 日，收到从广州市光科有限责任公司发来的原材料，并已经验收入库。请填制相关原始凭证，如图表 1-2-11 所示。

▼图表 1-2-11▼

收 料 单

供应单位：

材料类别： 年 月 日

编号	名称	规格	单位	数量		实际成本					备注
				应收	实收	买价		运杂费	其他	合计	
						单价	金额				
合　计											

仓库主管： 验收： 记账： 交料人： 制单：

7. 12 月 29 日，划转支付广东电网有限责任公司广州供电局电费（委托收款结算），其中，生产部门基本车间 15 000 元，管理部门 5 000 元，销售部门 10 000 元。请填制相关原始凭证，如图表 1-2-12、图表 1-2-13 所示。

▼图表 1-2-12▼

400142140  广东增值税专用发票 No. 0000xx

发票联

开票日期：2019 年 12 月 29 日

购买方	名　　　称：广州光辉灯具有限责任公司 纳税人识别号：914401012325612199 地 址、电 话：广州市海珠区江南大道中 50 号 020-84541245 开户行及账号：中国工商银行广州江南大道中支行 0124036184231234567					密码区	略		
货物或应税劳务、服务名称	规格型号	单位	数量	单价		金额	税率	税额	
*供电*电费		千瓦时	50 000	0.6		30 000.00	13%	3 900.00	
合　　计						¥30 000.00		¥3 900.00	
价税合计（大写）	⊗叁万叁仟玖佰元整					（小写）¥33 900.00			
销售方	名　　　称：广东电网有限责任公司广州供电局 纳税人识别号：914401110138 8585X1 地 址、电 话：广州市海珠区江南大道中东街 40 号 020-87250795 开户行及账号：中国工商银行广州江南大道中支行 20013233222 68769781					备注	广东电网有限责任公司广州供电局 9144011101388585X1 发票专用章		

收款人： 复核： 开票人： 销售方：（章）

第二联：发票联 购买方记账凭证

▼图表 1-2-13▼

托收承付凭证 （付款单）　1

2019 年 12 月 29 日

业务类型：委托承付收款（电划）

收款人	全　称	广东电网有限责任公司广州供电局	付款人	全　称	广州光辉灯具有限责任公司
	账　号	2001323322268769781		账　号	0124036184231234567
	开户银行	中国工商银行广州江南大道中支行		开户银行	中国工商银行广州江南大道中支行

金额	人民币 （大写）叁万叁仟玖佰元整	亿	千	百	十	万	千	百	十	元	角	分
						¥	3	3	9	0	0	0	0

款项内容	IP 电话	托收凭据名称		附寄单证张数	1
商品发运情况			合同名称号码		

付款人注意：根据支付结算方法，上列款项在付款期限内未提出拒付，即视为同意付款，以此代付通知；如需在付款期限内拒付，将拒付理由书并附债务证明退换交开户银行。

付款人开户银行签章

2019　年 12 月 29 日

复核：叶国豪　　　　　　　　　　　记账：

（印章）中国工商银行 广州江南大道中支行　2019.12.29　付讫

8．12 月 30 日，收到被投资单位广州市东尚科技有限公司（开户行为中国光大银行天河支行，账户为 90030008 607425061）分来股利 150 000 元的转账支票（票据号码为 110）。请填制相关原始凭证，如图表 1-2-14 所示。

▼图表 1-2-14▼

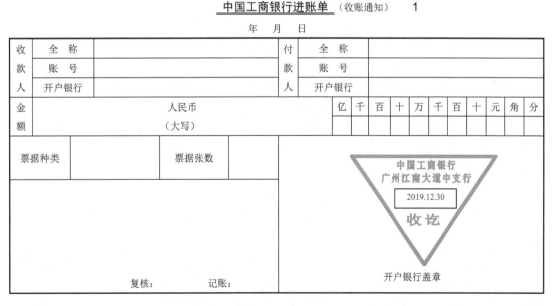

中国工商银行进账单 （收账通知）　1

年　月　日

收款人	全　称		付款人	全　称	
	账　号			账　号	
	开户银行			开户银行	

金额	人民币 （大写）	亿	千	百	十	万	千	百	十	元	角	分

票据种类		票据张数	

复核：　　　　记账：

开户银行盖章

（印章）中国工商银行 广州江南大道中支行　2019.12.30　收讫

9．12 月 31 日，以前年度借入的利率为 6%，期限为 3 年的到期一次还本付息的长期借款 500 000 元到期。请填制相关原始凭证，如图表 1-2-15、图表 1-2-16 所示。

▼**图表 1-2-15**▼

计付贷款利息（付款通知）

广州江南大道中支行   No. 01

账号 012403618423		2019 年 12 月 31 日	中国工商银行
名称	广州市光辉灯具有限责任公司		广州江南大道中支行
日期	2016.12.31—2019.12.31		2019.12.31
行号	计息总积数	利率	利息金额
102581000675	500 000.00	6%	90 000.00

（银行盖章）注：长期借款利息已计提

▼**图表 1-2-16**▼

电子汇划付款回单

2019 年 12 月 31 日   流水号：

付款人	全称	广州光辉灯具有限责任公司	收款人	全称	中国工商银行
	账号	0124036184231234567		账号	
	开户行	中国工商银行 广州江南大道中支行		开户行	中国工商银行 广州江南大道中支行
金额	（大写）伍拾玖万元整			¥590 000.00	
用途	偿还长期借款本金和利息				

备注：

汇划日期：2019 年 12 月 31 日   汇划流水号：000001

汇出行号：   凭证种类：

原凭证号码：   原凭证金额：

汇款人地址：

收款人地址：

实际付款人账号：0124036184231234567

实际付款人名称：广州光辉灯具有限责任公司   银行盖章

中国工商银行 广州江南大道中支行 2019.12.31 付讫

　　注意：根据上述业务填制记账凭证，并根据已审核会计凭证登记 12 月份"银行存款日记账"。与银行发来的对账单进行核对，根据核对结果编制"银行余额调节表"。

银行存款日记账（三栏式）

会计科目：银行存款

2019年		凭证		摘要	√	借方										贷方									借或贷	余额								
月	日	种类	号数			千	百	十	万	千	百	十	元	角	分	千	百	十	万	千	百	十	元	角	分		千	百	十	万	千	百	十	元	角	分
12	1			期初余额																						借		2	0	0	0	0	0	0	0
12	1	记	001	接收投资																						借									

中国工商银行广州江南大道中支行对账单

账号：033-2025-7816　　　　单位名称：广州光辉灯具有限责任公司　　　　2019 年 12 月 31 日

日期	交易	凭证号	借方	贷方	余额
12 月 1 日	期初余额				200 000.00
12 月 3 日	收到投资款	#401#		2 000 000.00	2 200 000.00
12 月 8 日	**收到货款**	#402#		48 000.00	2 248 000.00
12 月 11 日	借入短期借款	#403#		100 000.00	2 348 000.00
12 月 16 日	销售收入	#404#		120 000.00	2 468 000.00
12 月 21 日	支付利息费	#405#	1 000.00		2 467 000.00
12 月 23 日	转让专利权	#406#		160 000.00	2 627 000.00
12 月 25 日	**代扣水费**	#407#	60 000.00		2 567 000.00
12 月 29 日	代扣电费	#408#	33 900.00		2 533 100.00
12 月 30 日	支取现金发工资	#409#	146 000.00		2 387 100.00
12 月 31 日	期末余额				2 387 100.00

银行存款余额调节表

编制单位：　　　　　　　　　　　　　　　　　　　　　　年　　月　　日

项目	金额	项目	金额
企业银行存款日记账余额	（1）	银行对账单余额	（2）
加：（9）	（3）	加：（11）	（4）
减：（10）	（5）	减：（12）	（6）
调整后余额	（7）	调节后余额	（8）

⟳ 任务评价

实训目标	评分	评分标准	得分
填写原始单据（增值税专用发票、托收承付凭证、进账单、利息计算单）表	40	减分制，每填错、漏填一项扣 2 分	
记账凭证的填制与审核	20	减分制，每填错、漏填一项凭证要素扣 2 分	
登记有关银行存款明细账	20	减分制，每填错、漏填一项扣 2 分	
加分项：编制银行余额调节表	20	减分制，每填错、漏填一项扣 2 分	
合　　计			

项目二

●●●●● 往来岗位核算

项目导读

　　在企业之间进行经济往来的时候，必然会涉及一些往来业务问题，往来岗位核算主要包括单位往来款项的核算，要及时向单位领导反映往来款项的现状。同时，对往来款项实行动态管理，及时清理与其他单位往来款项，随时核对往来款项的余额，不得出现差错，对本单位业务人员的借款等，也要及时清理收回。为适应企业对往来账会计岗位的实际要求，学生要熟练掌握往来账的债权和债务的核算方法，通过对往来账会计岗位的实训，让学生能在实际工作中充分发挥往来账会计的岗位职能，最终保证企业债权与债务的安全。

职业能力目标

　　1. 能够根据往来款项的确认条件，填制记账凭证，登记应收账款明细账和应付账款明细账。

　　2. 能够在没有教师的指导下，根据往来款的确认计量，独立审核原始凭证，对各类往来业务做出正确的账务处理。

　　3. 能够在给予折让的情况下，做出四种不同折让的账务处理。

　　4. 能够在发生坏账时，及时用不同的计提坏账方式来计提坏账准备。

　　5. 能够填写支票、入库单、请款单等。

任务一　应收及预付款项核算

一、任务引入

李零是 2014 届职业技术学校财会专业毕业的学生，毕业后他应聘到东莞东尚服装有限责任公司成为一名会计员，主要负责业务往来岗位工作。在核算公司销售给甲公司一批牛仔裤时，发现货款尚未收回，于是将该业务记入了"应收账款"账户；若发生一些突发状况，应收账款可能会收不回来发生坏账，这又该怎么核算呢？当企业发生其他一些往来债权业务时又该怎么核算呢？

二、知识链接

链接 1：应收账款的核算

应收账款是指企业因销售商品、提供劳务等经营活动，应向购货单位或接受劳务单位收取的款项。主要包括应向购买单位或接受劳务单位收取的货款、税金、垫付的各种运杂费等。

（1）商业折扣，是指企业为了在销售时鼓励顾客更多地购买商品而在标价上给予的价格扣除。

（2）现金折扣，是指企业在销售货物后为了鼓励购买方在一定时间内尽快偿还货款，在销售价格上所给予的一定比率的扣减。一般现金折扣可以表示为：2/10，1/20，n/30（10天内付款按售价给予 2%折扣，20 天内付款按售价给予 1%折扣，20 天以后付款不给予折扣，最迟付款期为 30 天）。

（3）销售退回，是指企业售出的商品，由于质量、品种等不符合要求而被购买方退货。

（4）销售折让，是指企业因售出的商品质量不合格等原因而在售价上给予减让。

链接 2：其他应收款的核算

其他应收款，是指企业发生的除应收票据、应收账款、预付账款等经营活动以外的其他各种应收或暂付款项。

定额备用金，是指根据用款单位的实际需要核定备用金额，并将备用金支付给用款单位，用款部门实际使用后，凭有效单据报销领款，以补足用款单位定额备用金。一般适用于具有经常性费用开支的内部用款单位。

非定额备用金，是指为了满足非经常性（临时性）需要而暂付给有关部门和个人的备用金。

链接 3：应收款项的减值损失

应收款项减值损失的确认。企业的各项应收款项，可能会因购货人拒付、破产、死亡等原因而导致无法收回或收回的可能性极小，这类应收款项就是坏账。企业因坏账而遭受的损失为坏账损失。

坏账损失的账务处理。企业可用于核算坏账损失的方法有两种，即直接转销法和备抵法，我国《企业会计制度》规定，只能采用备抵法核算坏账损失，不得采用直接转销法。

备抵法是根据应收款项可收回金额按期估计坏账损失并形成坏账准备，在实际发生坏账时再冲销坏账准备的方法。实务中，应收款项坏账准备计提坏账准备的方法有以下几种。

余额百分比法，是指按照期末应收款项余额的一定比例来估计坏账损失。其计算公式为：估计坏账损失＝应收款项余额×估计坏账率

账龄分析法，是根据应收款项的账龄长短来估计坏账损失率，并据此估计的坏账损失，账龄是指客户所欠账款的时间。

赊销百分比法，是根据企业赊销金额的一定百分比来估计坏账损失。其计算公式为：估计坏账损失＝赊销金额×估计坏账率

个别认定法，是指对每一项应收款项进行分析，估计可能发生的坏账损失。

坏账准备可按以下公式计算：

当期应计提的坏账准备＝当期按应收账款计算应提坏账准备金额－（或＋）坏账准备账户贷方（或借方）余额

链接4：应收票据的核算

应收票据，根据承兑人不同，商业汇票分为商业承兑汇票和银行承兑汇票。

链接5：预付款项的核算

预付款项，是指企业在商品交易中按双方合同的约定预先支付的部分货款。对于预付账款业务不多的企业，可以不单独设置"预付账款"账户，而可以通过"应付账款"科目核算。

 注意

按有关规定，企业只能对应收账款和其他应收款计提坏账准备，对应收票据和预付账款不计提坏账准备。若有证据证实应收票据（或预付账款）无法收回，应将其转为应收账款（或其他应收账款）后，再计提相应的坏账准备。

三、岗位练兵

◎ **典型任务示例**

11月5日，向广州市中兴五金有限责任公司销售筒灯30箱，单价800元；射灯25箱，单价1 000元；增值税税率为13%，并以现金代购买方垫付运费880元，货款尚未收到。相关原始凭证如图表2-1-1、图表2-1-2、图表2-1-3所示。

▼图表 2-1-1▼

4400142140　　广东增值税专用发票　　No. 0000xx

记账联

开票日期：2019 年 11 月 5 日

购买方	名　　　称：广州市中兴五金有限责任公司 纳税人识别号：914401125135719200 地址、电话：广州市花都区狮岭镇 33 号 　　　　　　020-88956211 开户行及账号：中国工商银行花都狮岭支行 　　　　　　0332065421588956211					密码区	略		
货物或应税劳务、服务名称	规格型号	单位	数量	单价		金额	税率	税额
*筒灯	40 个/箱	箱	30	800.00		24 000.00	13%	3 120.00
*射灯	40 个/箱	箱	25	1 000.00		25 000.00	13%	3 250.00
合　　　计						¥49 000.00		¥6 370.00
价税合计（大写）	⊗伍万伍仟叁佰柒拾元整					（小写）¥55 370.00		
销售方	名　　　称：广州光辉灯具有限责任公司 纳税人识别号：914401012325612199 地址、电话：广州市海珠区江南大道中 50 号 　　　　　　020-84541245 884532145 开户行及账号：中国工商银行广州江南大道中支行 　　　　　　0124036184231234567					备注	广州光辉灯具有限责任公司 914401012325612199 发票专用章		

收款人：　　　　　复核：　　　　　开票人：黄成　　　　　销售方：（章）

第一联：记账联　销售方记账凭证

▼图表 2-1-2▼

发货单

购货单位：广州市中兴五金有限责任公司　　　　　单据编号：No. 0000xx

纳税人识别号：914401125135719200　　　　　地址和电话：广州市花都区狮岭镇 33 号

开户银行及账号：中国工商银行花都狮岭支行　　　制单日期：2019 年 11 月 5 日

　　　　　　0332065421588956211

产品名称	计量单位	数量	单价（元）	金额（元）	备注
筒灯	箱	30	800.00	24 000.00	
射灯	箱	25	1 000.00	25 000.00	
合计	人民币（大写）肆万玖仟元整			¥49 000.00	

总经理：　　　　　销售经理：欧阳峰　　　　　经手人：　　　　　签收人：邓文

▼图表 2-1-3▼

现金支出凭单　　　　　　　　　第 001 号

2019 年 11 月 5 日　　　　　　　　附件 2 张

兹　　因　销售商品（代付）　广州市中兴五金有限责任公司

现金付讫

付　　给（收款人）　广州市顺丰运输公司

人民币（大写）捌佰捌拾元整　　　　　¥880.00

付款人（或单位）广州光辉灯具有限责任公司　　　（签章）

步骤 1：审核原始凭证。

步骤 2：编制记账凭证。

记 账 凭 证

2019 年 11 月 5 日　　　　　　　　　记 字 第 001 号

摘要	总账科目	明细科目	借方金额										贷方金额										√
			千	百	十	万	千	百	十	元	角	分	千	百	十	万	千	百	十	元	角	分	
销售产品	应收账款	广州市中兴五金有限责任公司				5	6	2	5	0	0	0											
	主营业务收入	筒灯														2	4	0	0	0	0	0	
		射灯														2	5	0	0	0	0	0	
	应交税费	应交增值税（销项税额）															6	3	7	0	0	0	
	库存现金																	8	8	0	0	0	
附件：3 张																							
合计					¥	5	6	2	5	0	0	0			¥	5	6	2	5	0	0	0	

财务主管：　　　审核：　　　记账：　　　出纳：　　　制单：李辉

步骤 3：登记收入明细账。

明 细 分 类 账（三栏式）

会计科目：应收账款——广州市中兴五金有限责任公司

2019年		凭证		摘要	√	借方										贷方										借或贷	余额									
月	日	种类	号数			千	百	十	万	千	百	十	元	角	分	千	百	十	万	千	百	十	元	角	分		千	百	十	万	千	百	十	元	角	分
11	1			承前页																						平										⑨
11	1	记	001	销售产品				5	6	2	5	0	0	0	0											借			5	6	2	5	0	0	0	0

任务演练

1．12 月 3 日，向中洁责任有限公司销售射灯共 300 箱，增值税税率为 13%，款项尚未收到。付款条件为：2/10/、1/20、n/30，商品已发出。请填制相关原始凭证如图表 2-1-4、图表 2-1-5、图表 2-1-6 所示。

▼图表 2-1-4▼

4400142140　　广东增值税专用发票　　No. 0000xx

记账联

							开票日期：　　年　月　日

购买方	名　称：				密码区	略	
	纳税人识别号：						
	地址、电话：						
	开户行及账号：						
货物或应税劳务、服务名称	规格型号	单位	数量	单价	金额	税率	税额
合　　　计							
价税合计（大写）	⊗			（小写）			
销售方	名　称：				备注		
	纳税人识别号：						
	地址、电话：						
	开户行及账号：						

收款人：　　　复核：　　　开票人：　　　销售方：（章）

第一联：记账联　销售方记账凭证

▼图表 2-1-5▼

发货单

购货单位：   单据编号：No.0000xx
纳税人识别号：   地址和电话：
开户银行及账号：   制单日期：

产品名称	计量单位	数量	单价（元）	金额（元）	备注
合计	人民币（大写）				

总经理：   销售经理：   经手人：   签收人：

▼图表 2-1-6▼

出库单

出货单位：   年　月　日   单号：

提货单位				销售单号			
编号	名称及规格	单位	应发数量	实发数量	单价（元）	金额（元）	备注
合计							

部门经理：   会计：   仓管：   经办人：

2．12 月 7 日，由于公司业务进入旺季，生产量增加。经研究决定，拨付给第一生产车间备用金 1 200 元，实行定额管理，拨付给第二生产车间备用金 400 元，实行非定额管理，用现金支付。请填制相关原始凭证如图表 2-1-7 所示。

▼图表 2-1-7▼

备用金请款单

日期：　　年　月　日

申请部门	情况事项描述	金额（元）	预计还款期限
合计：			

申请部门审批：

申请人：   部门主管：   总经理：

财务部审批：

会计审核：   出纳付款：   领款人签字：   财务部经理审核：

*注　申请金额小于人民币 500 元时，由部门主管审批；申请金额介于人民币 500 至 2 000 元时，由公司总经理审批；申请金额大于人民币 2 000 元时，由单位负责人审批。

3. 12 月 13 日，3 个月前收到的广州明珠有限责任公司签发的带息银行承兑汇票到期，收回票款 65 000 元，利息 950 元，款项已存入银行存款。相关原始凭证如图表 2-1-8、图表 2-1-9 所示。

▼图表 2-1-8▼

中国工商银行进账单 （收账通知）　　1

2019 年 12 月 13 日

收款人	全　称	广州光辉灯具有限责任公司	付款人	全　称	广州明珠有限责任公司
	账　号	0124036184231234567		账　号	2406323302588767995
	开户银行	中国工商银行 广州江南大道中支行		开户银行	中国工商银行 广州新塘汇美支行

金额	人民币 （大写）陆万伍仟玖佰伍拾元整	亿	千	百	十	万	千	百	十	元	角	分
				¥	6	5	9	5	0	0	0

票据种类	银行承兑汇票	票据张数	1	

中国工商银行
广州江南大道中支行
2019.12.13
收讫

复核：叶国豪　　　记账：　　　　　　　　　　开户银行盖章

▼图表 2-1-9▼

银行承兑汇票　　　　1

出票日期：贰零壹玖年零玖月壹拾叁日　　　　　　　　　　　　汇票号码：1108
（大写）

付款人	全　称	广州明珠有限责任公司	收款人	全　称	广州光辉灯具有限责任公司
	账　号	2406323302588767995		账　号	0124036184231234567
	开户银行	中国工商银行 广州新塘汇美支行		开户银行	中国工商银行 广州江南大道中支行

出票金额	人民币 （大写）陆万伍仟元整	亿	千	百	十	万	千	百	十	元	角	元
					¥	6	5	0	0	0	0	0

汇票到期日 （大写）	贰零壹玖年壹拾贰月壹拾叁日	付款人 开户行	行号	102581000642

本汇票经本行承兑，到期日本行付交。	本汇票请予以承兑到期付款。

中国工商银行汇美支行
业务专用章
承兑银行签章
2019 年 09 月 13 日

刚陈
印云

广州明珠有限责任公司
财务专用章
出票人签章

此联持票人开户行随托收凭证寄付款人开户行作借方凭证附件

4. 12 月 14 日，向时代有限责任公司购进材料铝合金一批，价款 75 000 元，增值税税率为 13%，按照合同规定前期已预付货款 10 000 元，现已收料入库并开出支票补足货款。请填制相关原始凭证，如图表 2-1-10、图表 2-1-11、图表 2-1-12 所示。

▼图表 2-1-10▼

中国工商银行 支票存根 XVI46927455 附加信息 _____ _____ _____ 出票日期　年　月　日 收款人： 金额： 用途： 单位主管　　　会计	中国工商银行　支票　　　　　XVI46927455

出票日期（大写）　年　月　日　　付款行名称：**工行江南大道中支行**
收款人：　　　　　　　出票人账号：01 24 03 61 84 23 12 34 56 7

本支票付款期限十天

人民币（大写）　　　　　　　亿千百十万千百十元角分

用途：_____
上列款项请从
我账户内支付

出票人盖章　　　　　　　　复核　　　记帐

▼图表 2-1-11▼

400142140　　广东增值税专用发票　　No. 0000xx
发票联

开票日期：2019 年 12 月 14 日

购买方	名　　称：广州光辉灯具有限责任公司 纳税人识别号：914401012325612199 地址、电话：广州市海珠区江南大道中 50 号 　　　　　　020-84541245 开户行及账号：中国工商银行广州江南大道中支行 　　　　　　0124036184231234567	密码区	略

货物或应税劳务、服务名称	规格型号	单位	数量	单价	金额	税率	税额
*铝合金	40 个/箱	箱	500	150.00	75 000.00	13%	9 750.00
合　　计					¥75 000.00		¥9 750.00

价税合计（大写）	⊗捌万肆仟柒佰伍拾元整 　　　　　（小写）¥84 750.00

销售方	名　　称：时代有限责任公司 纳税人识别号：914401011556904055 地址、电话：广州市番禺区市侨 589 号 020-87670845 开户行及账号：中国工商银行番禺平康支行 　　　　　　2406323300228767084	备注	时代有限责任公司 914401011556904055 发票专用章

收款人：　　　　复核：　　　　开票人：　　　　销售方：（章）

第二联：发票联　购买方记账凭证

▼图表 2-1-12▼

收 料 单

供应单位：

材料类别：　　　　　　　　　　年　月　日

编号	名称	规格	单位	数量		实际成本					备注
				应收	实收	买价		运杂费（元）	其他（元）	合计	
						单价（元）	金额（元）				
合　　计											

仓库主管：　　　　验收：　　　　记账：　　　　交料人：　　　　制单：

　　5. 12 月 18 日，广州市灯具制造有限公司要求退回本年 11 月份购买的 200 个射灯（5 箱），400 个筒灯（10 箱）。其销售收入已确认入账，货款尚未收。经查明原因，同意该企业退货，并办理退货手续和开具红字增值税专用发票。请填制相关原始凭证，如图表 2-1-13、图表 2-1-14、图表 2-1-15 所示。

▼图表 2-1-13▼

广州市灯具制造有限公司进货退出申请单

2019 年 12 月 18 日

供货单位	广州光辉灯具有限责任公司			原购进日期及购进票号	2019-11-20 No.000088	
商品名称	规格	退货数量	生产企业	生产日期	批号	有效期至
射灯	箱（40 个/箱）	5	广州光辉灯具有限责任公司	2019-11-18	001	
筒灯	箱（40 个/箱）	10	广州光辉灯具有限责任公司	2019-11-19	002	
退货原因	质量未达合同要求！ 经手人：黄忠　　　　　　申请日期：2019-12-18					
采购部经理意见	情况属实！			主管总经理意见及签名	情况属实！ 曾小明	

质检部：林云　　　财务部：孙小雪　　　保管员：胡志峰　　　出库复核员：郭国兴

▼图表 2-1-14▼

| 4400142140 | 广东增值税专用发票 | No. 0000xx |

记账联

开票日期：2019 年 12 月 18 日

| 购买方 | 名　　　称：广州市灯具制造有限公司
纳税人识别号：914401013265789521
地址、电话：广州市荔湾区花地大道 87 号
　　　　　　020-87676602
开户行及账号：中国工商银行广州芳村支行
　　　　　　2406323325888767660 | 密码区 | 略 |

货物或应税劳务、服务名称	规格型号	单位	数量	单价	金额	税率	税额
*射灯		箱	-5	1 000.00	-5 000.00	13%	-650.00
*筒灯		箱	-10	800.00	-8 000.00	13%	-1 040.00
合　　　计					¥ -13 000.00		¥ -1 690.00
价税合计（大写）	⊗壹万肆仟陆佰玖拾元整				（小写）¥ -14 690.00		

| 销售方 | 名　　　称：广州光辉灯具有限责任公司
纳税人识别号：914401012325612199
地址、电话：广州市海珠区江南大道中 50 号
　　　　　　020-84541245
开户行及账号：中国工商银行广州江南大道中支行
　　　　　　0124036184231234567 | 备注 | 广州光辉灯具有限责任公司
914401012325612199
发票专用章 |

收款人：　　　　复核：　　　　开票人：黄成　　　　销售方：（章）

第一联：记账联 销售方记账凭证

▼图表 2-1-15▼

产品入库单　　　　No.001001

年　月　日

品名及规格	单位	数量	单价（元）	金额（元）	备注
合计					

会计：　　　　验收：　　　　仓库保管员：

6. 12 月 20 日，租用广州市妙勒塑料有限公司包装物，付押金 1 875 元。请填制相关原始凭证如图表 2-1-16 所示。

▼图表 2-1-16▼

中国工商银行 支票存根 XVI46927455	中国工商银行 支票										XVI46927455

中国工商银行
支票存根

XVI46927455

附加信息
_____
_____
_____

出票日期　　年　月　日

收款人：

金额：

用途：

单位主管　　　会计

中国工商银行 支票　　　　XVI46927455

出票日期（大写）　年　月　日　　付款行名称：工行江南大道中支行

收款人：　　　　　　　　出票人账号：01 24 03 61 84 23 12 34 56 7

本支票付款期限十天

人民币 （大写）		亿	千	百	十	万	千	百	十	元	角	分

用途：_____

上列款项请从
我账户内支付

出票人盖章　　　　　　　复核　　记帐

7. 12 月 22 日，收到中洁责任有限公司货款 336 000 元（现金折扣不包含增值税）。相关原始凭证如图表 2-1-17 所示。

▼图表 2-1-17▼

商业承兑汇票　　　　1

出票日期：贰零壹玖年壹拾贰月贰拾贰日　　　　　　　　　　汇票号码：1108
（大写）

付款人	全　称	中洁责任有限公司	收款人	全　称	广州光辉灯具有限责任公司
	账　号	2406323366638826689		账　号	0124036184231234567
	开户银行	中国工商银行中山东凤支行		开户银行	中国工商银行广州江南大道中支行

出票金额	人民币 （大写）叁拾叁万陆仟元整	亿	千	百	十	万	千	百	十	元	角	元
				¥	3	3	6	0	0	0	0	0

汇票到期日 （大写）	贰零贰零年叁月贰拾贰日	付款人开户行	行号	102603000123
交易合同号	141555		地址	中国工商银行中山东凤支行

本汇票已经承兑，到期无条件支付票款。

承兑人签章

承兑日期　　2020 年 3 月 22 日

本汇票请予以承兑到期日付款。

出票人签章

此联持票人开户行随托收凭证寄付款人开户行作借方凭证附件

8．12 月 27 日，公司以银行存款替行政管理人员崔志佑垫付应由个人负担的医疗费 4 500 元，拟从其工资中扣回。请填制相关原始凭证如图表 2-1-18 所示。

▼图表 2-1-18▼

公司代垫费用单

年　月　日　　　　　　编号：

部门名称	代垫费用内容	金额（元）	归还方式及时间
会计：		出纳人员	
部门经理核批		单位负责人	

9．12 月 29 日，将多余的材料出售给广州市美嘉电器有限公司，货款尚未收到。请填制相关原始凭证如图表 2-1-19、图表 2-1-20、图表 2-1-21 所示。

▼图表 2-1-19▼

400142140　广东增值税专用发票　No. 0000xx

记账联

开票日期：2019 年 12 月 29 日

购买方	名　　称：广州市美嘉电器有限公司 纳税人识别号：914401018523965422 地址、电话：广州市花都区狮岭人民大道 8 号　020-85466322 开户行及账号：中国工商银行广州花都　2406323333968546632				密码区	略		
货物或应税劳务、服务名称	规格型号	单位	数量	单价	金额	税率	税额
*筒灯外壳	40 个/箱	箱	400	50.00	20 000.00	13%	2 600.00
*射灯外壳	40 个/箱	箱	500	100.00	50 000.00	13%	6 500.00
合　　计					¥70 000.00		¥9 100.00
价税合计（大写）　⊗柒万玖仟壹佰元整					（小写）¥79 100.00		
销售方	名　　称：广州光辉灯具有限责任公司 纳税人识别号：914401012325612199 地址、电话：广州市海珠区江南大道中 50 号　020-84541245 开户行及账号：中国工商银行广州江南大道中支行　0124036184231234567				备注			

收款人：　　　复核：　　　开票人：黄成　　　销售方：（章）

第一联：记账联　销售方记账凭证

▼图表 2-1-20▼

发货单

购货单位：　　　　　　　　　　　　　　　　　单据编号：No.0000xx

纳税人识别号：　　　　　　　　　　　　　　　地址和电话：

开户银行及账号：　　　　　　　　　　　　　　制单日期：

产品名称	计量单位	数量	单价（元）	金额（元）	备注
合计		人民币（大写）			

总经理：　　　　　　销售经理：　　　　　　经手人：　　　　　　签收人：

▼图表 2-1-21▼

<u>出库单</u>

出货单位：　　　　　　　　　　年　月　日　　　　　　　　单号：

提货单位					销售单号			
编号	名称及规格	单位	应发数量	实发数量	单价（元）	金额（元）		备注
合计								

部门经理：　　　　　　会计：　　　　　　仓管：　　　　　　经办人：

10. 12 月 31 日，对应收珠江有限公司的账款进行减值测试。2017 年应收账款余额合计为 100 000 元，确定情况后按照 10%计提坏账准备。2018 年对该公司的应收账款实际发生坏账损失 3 000 元。2019 年应收账款年初余额为 150 000 元，2019 年收到 2018 已转销的坏账 2 000 元，已存入银行。请填制相关原始凭证如图表 2-1-22 所示。（请根据 2019 年12 月份业务计算出 2019 年应收账款年末余额）

▼图表 2-1-22▼

坏账准备计算表

编制部门：财务部　　　　　　　　　　年　月　日　　　　　　　　金额单位：元

债务人名称	应收账款年初余额	坏账准备计提比例	坏账准备年初余额	应收账款年末余额	坏账准备年末余额	年末应补提坏账金额
合计						

任务评价

实训目标	评分	评分标准	得分
填写原始单据（增值税专用发票、托收承付凭证、费用单、坏账准备计算表等）表	40	减分制，每填错、漏填一项扣2分	
记账凭证的填制与审核	40	减分制，每填错、漏填一项凭证要素扣2分	
登记有关应收账款明细账	20	减分制，每填错、漏填一项扣2分	
合　计			

任务二　应付及预收款项核算

一、任务引入

进入企业在往来账岗位工作一段学习之后，李零发现往来账债权核算的内容非常多，花了一番功夫之后总算是掌握了。接下来的时间里就要开始往来账债务方面的核算了，李零能再一次将这个任务挑战成功吗？

二、知识链接

链接1：应付账款的核算

应付账款是指企业因购买材料、商品或接受劳务等应支付给货物提供者或劳务提供者的款项。

应付账款附有现金折扣的，将其视为提前付款取得的利息收入，冲减财务费用。在付款时，借记"应付账款"科目，贷记"银行存款"、"财务费用"等科目。

其他应付款是指与企业的经营活动直接或间接相关的其他应付、暂收款项。其中主要包括：经营租入的固定资产或包装物等应付的租金、存入保证金、职工未按时领取的工资、应付赔款和罚款等。

应付票据的核算。应付票据是指企业购买材料、商品和接受劳务供应等而开出承兑的商业汇票，包括商业承兑汇票和银行承兑汇票。商业汇票未到期前构成企业的负债。商业汇票的账务处理如下。

企业开出、承兑商业汇票或以承兑商业汇票抵付应付账款时，借记"在途物资"、"库存商品"、"应交税费-应交增值税（进项税额）"、"应付账款"等科目，贷记"应付票据"科目。企业开出银行承兑汇票而支付手续费时，应当计入当期财务费用，借记"财务费用"科目，贷记"银行存款"、"库存现金"等科目。

应付票据到期，全额偿付票款时，借记"应付票据"科目，贷记"银行存款"科目。

对于到期企业无力支付的应付商业承兑汇票，应将应付的账面余额转入"应付账款"

账户；对于到期企业无力支付的应付银行承兑汇票，应将应付票据的账面余额转入"短期借款"账户。

链接 2：预收账款的核算

预收账款是指企业按照合同规定，向购买方或劳务购买方预先收取的款项。预收款项属于企业短期债务，最终要以货物清偿。预收账款业务不多的企业，可以不单独设立"预收账款"科目，可通过"应收账款"账户核算。

三、岗位练兵

典型任务示例

11 月 10 日，从顺德功成有限责任公司购入灯珠、铝合金一批，运杂费 3 000 元（按数量分配），货款未付，材料尚未入库。请填制相关原始凭证如图表 2-2-1、图表 2-2-2、图表 2-2-3、图表 2-2-4、图表 2-2-5 所示。

▼图表 2-2-1▼

4400142140　　　广东增值税专用发票　　No. 0000xx

发票联

开票日期：2019 年 11 月 10 日

购买方	名　称：广州光辉灯具有限责任公司 纳税人识别号：914401012325612199 地　址、电话：广州市海珠区江南大道中 50 号 　　020- 84541245 开户行及账号：中国工商银行广州江南大道中支行 　　0124036184231234567					密码区	略		
货物或应税劳务、服务名称	规格型号	单位	数量	单价		金额	税率	税额	
*灯珠	40 个/箱	箱	120	200.00		24 000.00	13%	3 120.00	
*铝合金	40 个/箱	箱	180	120.00		21 600.00	13%	2 808.00	
合　计						¥45 600.00		¥5 928.00	
价税合计（大写）	⊗伍万壹仟伍佰贰拾捌元整					（小写）¥51 528.00			
销售方	名　称：顺德功成有限责任公司 纳税人识别号：914406015623941422 地　址、电话：顺德市容桂镇容奇大道北 62 号 　　0757-22838180 开户行及账号：中国工商银行顺德容桂支行 　　2406325507572283818					备注			

收款人：　　　　复核：　　　　　开票人：黄五　　　　销售方：（章）

第二联：发票联　购买方记账凭证

▼图表 2-2-2▼

4400142140　广东增值税专用发票　No. 0000xx

抵扣联

开票日期：2019 年 11 月 10 日

购买方	名　　称：广州光辉灯具有限责任公司 纳税人识别号：914401012325612199 地址、电话：广州市江南大道中 50 号 020-84541245 开户行及账号：中国工商银行广州江南大道中支行 　　　　　　　0124036184231234567	密码区	略

货物或应税劳务、服务名称	规格型号	单位	数量	单价	金额	税率	税额
*灯珠	40 个/箱	箱	120	200.00	24 000.00	13%	3 120.00
*铝合金	40 个/箱	箱	180	120.00	21 600.00	13%	2 808.00
合　　计					¥45 600.00		¥5 928.00

价税合计（大写）	⊗伍万壹仟伍佰贰拾捌元整	（小写）¥51 528.00

销售方	名　　称：顺德功成有限责任公司 纳税人识别号：914406015623941422 地址、电话：顺德市容桂镇容奇大道北 62 号 　　　　　　　0757-22838180 开户行及账号：中国工商银行顺德容桂支行 　　　　　　　2406325507572283818	备注	顺德功成有限责任公司 914406015623941422 发票专用章

收款人：　　　复核：　　　开票人：黄五　　　销售方：（章）

▼图表 2-2-3▼

4400142140　广东增值税专用发票　No. 0000xx

此联不作报销，扣税凭证使用

开票日期：2019 年 11 月 10 日

购买方	名　　称：广州光辉灯具有限责任公司 纳税人识别号：914401012325612199 地址、电话：广州市江南大道中 50 号 020- 84541245 开户行及账号：中国工商银行广州江南大道中支行 　　　　　　　0124036184231234567	密码区	略

货物或应税劳务、服务名称	规格型号	单位	数量	单价	金额	税率	税额
*运输费					3 000.00	9%	270.00
合　　计					¥3 000.00		¥270.00

价税合计（大写）	⊗叁仟贰佰柒拾元整	（小写）¥3 270.00

销售方	名　　称：顺德九九物流有限公司 纳税人识别号：914406032526788544 地址、电话：顺德市容桂镇桂州大道南 02 号 　　　　　　　0757-2225689 开户行及账号：中国工商银行顺德容桂支行 　　　　　　　2406326578852225689	备注	运输站：顺德——广州 运输货物：灯珠 120 箱　¥1 200.00 　　　　　铝合金 180 箱　¥1 800.00 顺德九九物流有限公司 914406032526788544 发票专用章

收款人：杨小龙　　　复核：曾珍　　　开票人：李立三　　　销售方：（章）

▼图表 2-2-4▼

4400142140　　广东增值税专用发票　　No. 0000xx

抵扣联

开票日期：2019 年 11 月 10 日

购买方	名　　　称：广州光辉灯具有限责任公司 纳税人识别号：914401012325612199 地　址、电话：广州市江南大道中 50 号 020- 84541245 开户行及账号：中国工商银行广州江南大道中支行 0124036184231234567	密码区	略			
货物或应税劳务、服务名称	规格型号	单位	数量	单价	金额	税率	税额

货物或应税劳务、服务名称	规格型号	单位	数量	单价	金额	税率	税额
*运输费					3 000.00	9%	270.00
合　　　计					¥3 000.00		¥270.00

价税合计（大写）	⊗叁仟贰佰柒拾元整	（小写）¥3 270.00

销售方	名　　　称：顺德九九物流有限公司 纳税人识别号：914406032526788544 地　址、电话：顺德市容桂镇桂州大道南 02 号 0757-2225689 开户行及账号：中国工商银行顺德容桂支行 2406326578852225689	备注	运输站：顺德——广州 运输货物：灯珠 120 箱 ¥1 200.00 铝合金 180 箱 ¥1 800.00 914406032526788544 发票专用章

收款人：杨小龙　　　复核：曾珍　　　开票人：李立三　　　销售方：（章）

第三联：抵扣联　购买方扣税凭证

▼图表 2-2-5▼

材料采购运杂费分配表

2019 年 11 月 10 日

材料名称	分配标准（箱）	分配率	分配金额（元）	备注
灯珠	120	10	1200.00	
铝合金	180	10	1800.00	
合计			¥3000.00	

步骤 1：审核原始凭证。

步骤 2：编制记账凭证。

记账凭证

2019 年 11 月 10 日　　　　　　　　　　　　记字 第 001 号

摘要	总账科目	明细科目	借方金额										贷方金额										√
			千	百	十	万	千	百	十	元	角	分	千	百	十	万	千	百	十	元	角	分	
购买原材料	在途物资	灯珠			2	5	2	0	0	0	0												
	在途物资	铝合金			2	3	4	0	0	0	0												
	应交税费	应交增值税（进项税额）				6	1	9	8	0	0												
	应付账款	顺德功成有限责任公司												5	4	7	9	8	0	0		
附件 4 张																							
合计				¥	5	4	7	9	8	0	0			¥	5	4	7	9	8	0	0		

财务主管：　　　　审核：　　　　记账：　　　　出纳：　　　　制单：李辉

步骤 3：登记收入明细账

明细分类账（三栏式）

会计科目：应付账款——顺德功成有限责任公司

2019 年		凭证		摘要	√	借方										贷方										借或贷	余额									
月	日	种类	号数			千	百	十	万	千	百	十	元	角	分	千	百	十	万	千	百	十	元	角	分		千	百	十	万	千	百	十	元	角	分
				承前页																						平									θ	
11	1	记	001	购买原材料															5	4	7	9	8	0	0	借				5	4	7	9	8	0	0

任务演练

1. 12 月 2 日，购买东莞市泰鼎有限公司材料一批，已验收入库。价款 100 000 元，增值税税额为 13 000 元，运杂费为 3 500 元（按箱数分配），货款尚未支付。请填制相关原始凭证如图表 2-2-6、图表 2-2-7、图表 2-2-8、图表 2-2-9、图表 2-2-10 所示。

▼图表 2-2-6▼

4400142140　广东增值税专用发票　No. 0000xx

发票联

开票日期：2019 年 12 月 2 日

购买方	名　　　　称：广州光辉灯具有限责任公司 纳税人识别号：914401012325612199 地 址、电 话：广州市海珠区江南大道中 50 号 020- 84541245 开户行及账号：中国工商银行广州江南大道中支行 　　　　　　　0124036184231234567	密码区	略

货物或应税劳务、服务名称	规格型号	单位	数量	单价	金额	税率	税额
*筒灯外壳	40 个/箱	箱	1 000	40.00	40 000.00	13%	5 200.00
*射灯外壳	40 个/箱	箱	750	80.00	60 000.00	13%	7 800.00
合　　　　计					¥100 000.00		¥13 000.00

价税合计（大写）	⊗壹拾壹万叁仟元整	（大写）¥113 000.00

销售方	名　　　　称：东莞市泰鼎有限公司 纳税人识别号：914419005645281500 地 址、电 话：东莞市莞城街 158 号 0759-22831111 开户行及账号：中国工商银行东莞八达路支行 　　　　　　　9558800565685228311	备注	东莞市泰鼎有限公司 914419005645281500 发票专用章

收款人：　　　　　　复核：　　　　　开票人：方方　　　　　　销售方：（章）

第二联：发票联　购买方记账凭证

▼图表 2-2-7▼

材料采购运杂费分配表

年　　　月　　　日

材料名称	分配标准（箱）	分配率	分配金额（元）	备注
合计				

▼图表 2-2-8▼

4400142140　广东增值税专用发票　No. 0000xx

此联不作报销、扣税凭证使用

开票日期：2019 年 12 月 2 日

购买方	名　称：广州光辉灯具有限责任公司 纳税人识别号：914401012325612199 地 址、电 话：广州市江南大道中 50 号 　　　　　　020- 84541245 开户行及账号：中国工商银行广州江南大道中支行 　　　　　　0124036184231234567					密码区	略		
货物或应税劳务、服务名称	规格型号	单位	数量	单价	金额		税率	税额	
*运输费					3 500.00		9%	315.00	
合　　计					¥3 500.00			¥315.00	
价税合计（大写）	⊗叁仟捌佰壹拾伍元整					（小写）¥3 815.00			
销售方	名　　称：顺德九九物流有限公司 纳税人识别号：914406032526788544 地 址、电 话：顺德市容桂镇桂州大道南 02 号 　　　　　　0757-2225689 开户行及账号：中国工商银行顺德容桂支行 　　　　　　2406326578852225689					备注	运输站：东莞——广州 运输货物：筒灯外壳 1000 箱　¥2 000.00 射灯外壳 750 箱　¥1 500.00		

第一联：记账联　销售方记账凭证

收款人：杨小龙　　　复核：曾珍　　　开票人：李立三　　　销售方：（章）

▼图表 2-2-9▼

4400142140　广东增值税专用发票　No. 0000xx

抵扣联

开票日期：2019 年 12 月 2 日

购买方	名　称：广州光辉灯具有限责任公司 纳税人识别号：914401012325612199 地 址、电 话：广州市江南大道中 50 号 020- 84541245 开户行及账号：中国工商银行广州江南大道中支行 　　　　　　0124036184231234567					密码区	略		
货物或应税劳务、服务名称	规格型号	单位	数量	单价	金额		税率	税额	
*运输费					3 500.00		9%	315.00	
合　　计					¥3 500.00			¥315.00	
价税合计（大写）	⊗叁仟捌佰壹拾伍元整					（小写）¥3 815.00			
销售方	名　　称：顺德九九物流有限公司 纳税人识别号：914406032526788544 地 址、电 话：顺德市容桂镇桂州大道南 02 号 　　　　　　0757-2225689 开户行及账号：中国工商银行顺德容桂支行 　　　　　　2406326578852225689					备注	运输站：东莞——广州 运输货物：筒灯外壳 1000 箱　¥2 000.00 射灯外壳 750 箱　¥1 500.00		

第三联：抵扣联　购买方扣税凭证

收款人：杨小龙　　　复核：曾珍　　　开票人：李立三　　　销售方：（章）

▼图表 2-2-10▼

材料入库单

入库日期：　年　月　日　　　　　　　　　　　　　　　　　　　单号：

序号	品名及规格	单价（元）		数量		金额（元）			备注
		计划	实际	计划	实际	运费	其他	合计	
1									
2									
3									
合　计									

主管：　　　　　　　　　库管员：　　　　　　　　　领料人：

2. 12 月 5 日，因生产临时需要，从长江公司租入一台吊车使用，协议租金 9 200 元尚未支付。请填制相关原始凭证如图表 2-2-11 所示。

▼图表 2-2-11▼

吊车临时租赁协议

合同编号：000112233

签订时间：12 月 5 日

承租方：广州光辉灯具有限责任公司 （甲方）　　　　　　出租方：长江有限责任公司 （乙方）

甲方租用乙方吊车进行设备安装作业。根据《中华人民共和国合同法》等规定，经双方协商一致，签订本合同。

一、租赁设备

由甲方提前 1 日通知乙方将指定规格数量的吊车开至甲方工地进行作业。 预计租用 4 天，具体租用时间以甲方设备安装完的时间为准。

二、工作内容： 甲方安排的吊装作业。

三、租金： 25T 吊车台班费 2300 元/台班。

租金中已含吊车租赁费、燃油费、润滑油、进出场费、驾驶员工资、税费等全部费用。

四、乙方必须根据甲方设备的吨位、体积等情况，使用相应吨位的吊车，并派吊装专业人员到甲方现场指挥吊车。

五、乙方吊车必须性能、车况良好，钢绳及吊装配套工具完好、牢固可靠。吊车驾驶员必须是吊装技术熟练、谨慎操作的持证上岗人员，以保证吊装、安装设备的安全。

六、因乙方吊车性能原因或乙方操作人员违规操作及技术问题造成现场人员伤亡和财产损失，全部费用由乙方承担。

七、甲方派专人每日对吊车实际使用台班（或小时）进行现场记录，乙方当日签字确认，此台班（或小时）记录是双方结算支付金的唯一依据，涂改无效。

八、结算付款方式

待甲方设备吊装、安装完毕后，甲乙双方依据有效的台班（或小时）记录结算租金，由乙方出具发票，甲方在结算出总租金后 15 日内付清余款。

九、违约责任 违约方应承担另一方经济损失。

十、如执行本合同发生纠纷 双方应友好协商解决，协商不成，双方可向工程所在地人民法院起诉。

十一、本合同一式肆份，经甲乙双方签字盖章后生效。甲方执三份，乙方执一份。

甲方（公章）　　　　　　　　　　　　　乙方（公章）

法定代表人　李亮　　　　　　　　　　　法定代表人　张平

电话：020-88564511　　　　　　　　　　电话：020-86592125

3．12月9日，向中山市大华家电有限公司预收货款 8 000 元，尚未发货。相关原始凭证如图表 2-2-12 所示。

▼**图表 2-2-12**▼

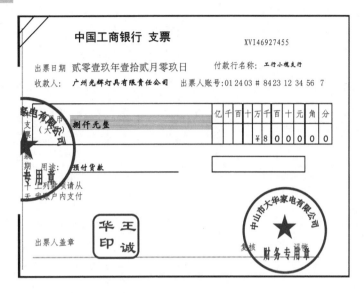

4．12月14日，从佛山机械有限公司购入生产设备一台，价款 900 000 元，增值税税额 117 000 元，价税合计 1 017 000 元，开出银行承兑汇票，期限为 3 个月。请填制相关原始凭证如图表 2-2-13、图表 2-2-14、图表 2-2-15 所示。

▼**图表 2-2-13**▼

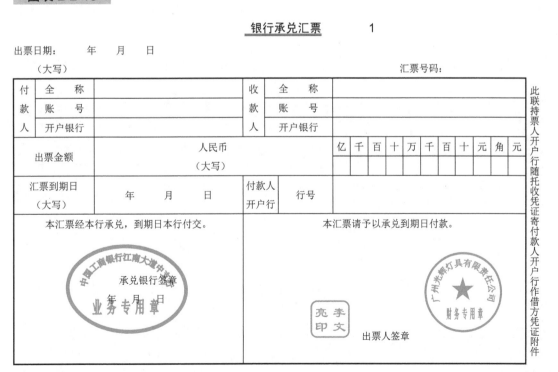

▼图表 2-2-14▼

44400142140　　广东增值税专用发票　No. 0000xx

发票联

开票日期：2019 年 12 月 14 日

购买方	名　　　　称：广州光辉灯具有限责任公司 纳税人识别号：914401012325612199 地 址、电 话：广州市海珠区江南大道中 50 号 　　　　　　　020-84541245 开户行及账号：中国工商银行广州江南大道中支行 　　　　　　　0124036184231234567	密码区	略

货物或应税劳务、服务名称	规格型号	单位	数量	单价	金额	税率	税额
*生产设备	SFF110	台	1	900 000.00	900 000.00	13%	117 000.00
合　　　计					¥900 000.00		¥117 000.00

价税合计（大写）	⊗壹佰零壹万柒仟元整	（小写）　¥1 017 000.00

销售方	名　　　　称：佛山机械有限公司 纳税人识别号：914406015030895621 地 址、电 话：佛山市南海区桂城大道 58 号 　　　　　　　0757-33698522 开户行及账号：中国工商银行南海桂华支行 　　　　　　　2406325530893369852	备注	佛山机械有限公司 914406015030895621 发票专用章

收款人：　　　　　复核：　　　　　开票人：方方　　　　　销售方：（章）

第二联：发票联　购买方记账凭证

▼图表 2-2-15▼

固定资产入库单

年　　月　　日

名称	数量	单位	买价（元）	运费（元）	安装费（元）	金额（元）	备注
验收部门：							

会计：　　　　　　　　　　　　　　　　　制单：

　　5．12 月 20 日，电汇支付前欠东莞市泰鼎有限公司货款 116 815.00 元。请填制相关原始凭证如图表 2-2-16 所示。

▼图表 2-2-16▼

电子汇划付款回单

2019 年 12 月 20 日　　　　　流水号：

付款人	全　称	广州光辉灯具有限责任公司	收款人	全　称	东莞市泰鼎有限公司
	账　号	0124036184231234567		账　号	9558800565685228311
	开户行	中国工商银行 广州江南大道中支行		开户行	中国工商银行 东莞八达路支行
金额	（大写）壹拾壹万陆仟捌佰壹拾伍元整				¥116 815.00
用途	支付材料款				

备注：

汇划日期：　12 月 20 日　　　　　　汇划流水号：

汇出行行号：　　　　　　　　　　　原凭证种类：

原凭证号码：　　　　　　　　　　　原凭证金额：

汇款人地址：

收款人地址：

实际付款人账号：0124036184231234567

实际付款人名称：广州光辉灯具有限责任公司　　　　　　　银行盖章

中国工商银行
广州江南大道中支行
2019.12.20
付讫

6. 12 月 23 日，收到宣都有限公司退回的包装物，将其存入的押金 675 元退回。请填制相关原始凭证如图表 2-2-17 所示。

▼图表 2-2-17▼

现金支出凭单　　　　　　第　号

年　月　日　　　　附件　张

兹　　因＿＿＿＿＿＿＿＿＿＿＿＿

现金付讫

付　　给（收款人）＿＿＿＿＿＿＿＿＿＿＿

人民币（大写）＿＿＿＿＿＿＿＿￥＿＿＿＿

付款人（或单位）　　　　（签章）

7. 12 月 26 日，销售给中山市大华家电有限公司射灯 10 箱，单价 1 000 元，价款 10 000 元，增值税税额 1 300 元，并收到补付货款 3 300 元，存入银行存款。请填制相关原始凭证如图表 2-2-18、图表 2-2-19、图表 2-2-20 所示。

▼图表 2-2-18▼

4400142140　广东增值税专用发票　No. 0000xx

记账联

开票日期：　　年　月　日

购买方	名　　　称：		密码区	略		
	纳税人识别号：					
	地址、电话：					
	开户行及账号：					

货物或应税劳务、服务名称	规格型号	单位	数量	单价	金额	税率	税额
合　　计							

价税合计（大写）	⊗			（小写）

销售方	名　　　称：		备注	
	纳税人识别号：			
	地址、电话：			
	开户行及账号：			

收款人：　　　　　复核：　　　　　开票人：　　　　　销售方：（章）

第一联：记账联　销售方记账凭证

▼图表 2-2-19▼

中国工商银行进账单（收账通知）　　1

2019 年 12 月 26 日

收款人	全　称	广州光辉灯具有限责任公司	付款人	全　称	中山市大华家电有限公司										
	账　号	0124036184231234567		账　号	0035444589558826550										
	开户银行	中国工商银行广州江南大道中支行		开户银行	中国工商银行中山小榄支行										
金额	人民币（大写）叁仟叁佰元整				亿	千	百	十	万	千	百	十	元	角	分
										¥ 3	3	0	0	0	0

票据种类	转支	票据张数	1	

中国工商银行
广州江南大道中支行
2019.12.26
收讫

复核 叶国豪　　　记账：　　　　　开户银行盖章

此联是开户银行交给持票人的回单

▼图表 2-2-20▼

发货单

购货单位：   单据编号：

纳税人识别号：   地址和电话：

开户银行及账号：   制单日期：

产品名称	计量单位	数量	单价（元）	金额（元）	备注
合计	人民币（大写）				

总经理：   销售经理：   经手人：   签收人：

8．12 月 27 日，从清远市五金电子加工有限责任公司发来的灯珠 185 箱，验收入库，结算凭证未到，估计价值为 37 000 元。请填制相关原始凭证如图表 2-2-21 所示。

▼图表 2-2-21▼

材料入库单

入库日期：   年   月   日   单 号：

序号	品名及规格	单价（元）		数量		金额（元）			备注
		计划	实际	计划	实际	运费	其他	合计	
1									
2									
3									
合 计									

主管：   库管员：   领料人：

C 任务评价

实训目标	评分	评分标准	得分
填写原始单据（材料入库单、增值税专用发票、发货单、商业承兑汇票等）表	40	减分制，每填错、漏填一项扣 2 分	
记账凭证的填制与审核	40	减分制，每填错、漏填一项凭证要素扣 2 分	
登记有关应付账款明细账	20	减分制，每填错、漏填一项扣 2 分	
合　　计			

项目三

●●●●● 资 产 岗 位 核 算

 项目导读

　　资产是会计学中十分重要的一大要素，所涉及范围较广，包含内容较多，核算方法也比较复杂。在本项目中，着重介绍企业资产中较为常见及重要的两大类，分别为材料资产和固定资产。其中，材料资产核算的内容是企业日后经济来源的基础。要求采用计划成本法和实际成本法对购入物资进行正确核算，根据物资类型采用不同的存货计价方法对发出（领用）物资资产进行正确核算，以及存货清查结果的核算。另一方面，固定资产核算的内容是维持企业正常运营强有力的后盾。要求根据不同的购入方式对固定资产进行正确核算，采用不同方法对使用一年以上的固定资产进行折旧，根据报废情况对固定资产的清理核算，以及对固定资产清查结果的核算等。通过相应任务的实际操作训练，掌握遇到实际经济业务时能够自如切换核算方式且正确得出结果的技能。

职业能力目标

　　1. 能够正确填写增值税专用发票、运输业发票、银行支票、商业汇票、信汇凭证、托收凭证、电汇凭证等外来凭证。

　　2. 能够正确填制收据、收料单、发料单、材料成本差异计算表、固定资产入账单、工程领料单、产品入库单、产品出库单、固定资产折旧表、固定资产报废审批单、资产清查等自制凭证。

　　3. 能够分别采用实际成本法和计划成本法对购入材料进行核算，并正确计算材料成本差异。

　　4. 能够采用不同存货计价方法对发出材料的成本进行核算。

　　5. 能够对不同方式增加的固定资产进行正确核算。

　　6. 能够通过不同方法对固定资产折旧进行计算并正确填制折旧表。

　　7. 能够根据固定资产清理流程，填制相关凭证并进行账务处理。

　　8. 能够对材料物资及固定资产清查结果进行相应处理。

　　9. 能够正确填制数量金额式账页。

任务一　材料资产核算

一、任务引入

近来为了拓展市场，广州光辉灯具有限责任公司增加了数个材料供应商。作为该公司的会计实习生明明同学，在查看材料采购情况时发现，每家供应商所提供的同型号材料的价格有所差异。以往收发材料入账金额基本相同，那么在价格波动的情况下，应该怎样计算材料的成本呢？实际的材料价格与计划的差异又该如何处理呢？

二、知识链接

链接 1：发出材料的计价方法

（1）个别计价法。

个别计价法是通过逐一辨认各批发出存货和期末存货所属的购进批别或生产批别，分别按其购入或生产时所确定的单位成本计算各批发出存货和期末存货成本的一种计价方法。

（2）先进先出法。

先进先出法是以先购入的存货应先发出这样一种存货实物流动假设为前提，对发出存货进行计价的一种方法。

（3）月末一次加权平均法。

以本月全部进货数量加月初存货数量作为权数，用本月全部进货成本加月初存货成本除以权数，计算出存货加权平均单位成本，以此计算发出存货的成本和期末存货成本的一种方法。

存货加权平均单位成本＝（月初库存存货的实际成本＋本月各批进货的总成本）/（月初库存存货的数量＋本月各批进货数量之和）

本月发出存货的成本＝本月发出存货的数量×存货加权平均单位成本

本月月末库存存货成本＝月末库存存货的数量×存货加权平均单位成本

（4）移动加权平均法。

以每次进货成本加原有库存存货成本的合计金额，除以每次进货数量加原有库存存货数量的合计数，据此计算存货加权平均单位成本，作为在下次进货前计算各次发出存货成本的一种方法。

存货加权平均单位成本＝（原有库存存货的实际成本＋本次进货的实际成本）/（原有库存存货的数量＋本次进货的数量）

本次发出存货的成本＝本次发出存货的数量×本次发出存货时的存货加权平均单位成本

本月月末库存存货成本＝月末库存存货的数量×本月月末存货单位成本

链接 2：材料成本差异

本期材料成本差异率＝（期初结存材料的成本差异＋本期验收入库材料的成本差异）/（期初结存材料的计划成本＋本期验收入库材料的计划成本）×100%

期初材料成本差异率＝期初结存材料的成本差异/期初结存材料的计划成本×100%

发出领用材料应负担的成本差异＝发出领用材料的计划成本×材料成本差异率

三、岗位练兵

典型任务示例

11 月 2 日，采购人员持一张商业承兑汇票，付款期限为 6 个月，票面金额 4 972 元，从深圳岭南材料厂购入铝合金 40 箱，单价 110 元。当日取得增值税专用发票列明价款 4 400 元，税额 572 元，材料尚未到达。相关原始凭证如图表 3-1-1、图表 3-1-2、图表 3-1-3 所示。

▼图表 3-1-1▼

4400142140　　广东增值税专用发票　　No. 0000xx

开票日期：2019 年 11 月 2 日

购买方	名　　称：广州光辉灯具有限责任公司 纳税人识别号：914401012325612199 地址、电话：广州市海珠区江南大道中 50 号 020-84541245 开户行及账号：中国工商银行广州江南大道中支行 　　　　　　　0124036184231234567				密码区	略		
货物或应税劳务、服务名称	规格型号	单位	数量	单价	金额	税率	税额
*铝合金	40/箱	箱	40	110.00	4 400.00	13%	572.00
合　　计					¥4 400.00		¥572.00
价税合计（大写）	⊗肆仟玖佰柒拾贰元整					（小写）¥4 972.00	
销售方	名　　称：深圳岭南材料厂 纳税人识别号：914403001234567899 地址、电话：深圳市红岭路 169 号 0755-85340002 开户行及账号：中国工商银行红岭支行 　　　　　　　24020016094356323378				备注	914403001234567899		

收款人：　　　　　复核：　　　　　开票人：陈乐　　　　　销售方：（章）

第二联：发票联　购买方记账凭证

▼图表 3-1-2▼

4400142140　　广东增值税专用发票　　No. 0000xx

抵扣联

开票日期：2019 年 11 月 2 日

购买方	名　　　称：广州光辉灯具有限责任公司 纳税人识别号：914401012325612199 地　址、电话：广州市海珠区江南大道中 50 号 020-84541245 开户行及账号：中国工商银行广州江南大道中支行 0124036184231234567					密码区	略	
货物或应税劳务、服务名称	规格型号	单位	数量	单价	金额	税率	税额
*铝合金	40/箱	箱	40	110.00	4 400.00	13%	572.00
合　　　计					¥4 400.00		¥572.00
价税合计（大写）	⊗肆仟玖佰柒拾贰元整				（小写）¥4 972.00		
销售方	名　　　称：深圳岭南材料厂 纳税人识别号：914403001234567899 地　址、电话：深圳市红岭路 169 号 0755-85340002 开户行及账号：中国工商银行红岭支行 2402001609435632378					备注	深圳岭南材料厂 9144030012345678 发票专用章	

第三联：抵扣联　购买方扣税凭证

收款人：　　　　复核：　　　　　　　　开票人：陈乐　　　　销售方：（章）

▼图表 3-1-3▼

商业承兑汇票　（存根）　　　　3

出票日期：贰零壹玖年拾壹月零贰日

（大写）

汇票号码：

付款人	全　称	广州光辉灯具有限责任公司		收款人	全　称	深圳岭南材料厂										
	账　号	0124036184231234567			账　号	2402001609435632378									
	开户银行	中国工商银行 广州江南大道中支行			开户银行	中国工商银行 红岭支行									
出票金额		人民币				亿	千	百	十	万	千	百	十	元	角	分
		（大写）肆仟玖佰柒拾贰元整								¥	4	9	7	2	0	0
汇票到期日 （大写）		贰零贰零年零伍月零贰日		交易合同号码												
本汇票已经承兑，到期无条件支付票款。				本汇票请予以承兑到期日付款。												
		承兑人签章				出票人签章										
承兑日期 2020 年 05 月 02 日																

此联签发人存查

步骤 1：审核原始凭证。

步骤 2：编制记账凭证。

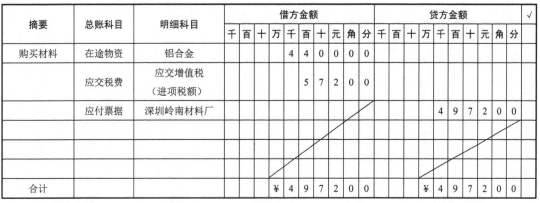

记账凭证

2019 年 11 月 2 日　　　　　　　　　　　　　　记字　第 001 号

摘要	总账科目	明细科目	借方金额										贷方金额										√
			千	百	十	万	千	百	十	元	角	分	千	百	十	万	千	百	十	元	角	分	
购买材料	在途物资	铝合金				4	4	0	0	0	0												
	应交税费	应交增值税（进项税额）					5	7	2	0	0												
	应付票据	深圳岭南材料厂														4	9	7	2	0	0		
合计				¥	4	9	7	2	0	0				¥	4	9	7	2	0	0			

财务主管：　　　　审核：　　　　记账：　　　　出纳：　　　　制单：周星

步骤 3：登记收入明细账。

明细分类账（数量金额式）

会计科目：在途物资——铝合金

数量单位：箱　　　　　　　　　　　　　　　　　　　　　　　　金额单位：元

2019 年		凭证		摘要	√	借方											贷方											借或贷	余额										
月	日	种类	号数			数量	单价	金额									数量	单价	金额										数量	单价	金额									
								十	万	千	百	十	元	角	分			十	万	千	百	十	元	角	分				百	十	万	千	百	十	元	角	分
11	1			承上页																						平										θ		
11	2	记	001	购料		40	110		4	4	0	0	0	0												借	40	110			4	4	0	0	0	0	

任务演练

1. 12 月 4 日，采购人员持一张银行承兑汇票，付款期限为 3 个月，从广州南华灯具厂购入筒灯外壳 30 箱，单价 50 元。取得增值税专用发票列明价款 1 500 元，税额 195 元。材料当日已验收入库。相关原始凭证如图表 3-1-4、图表 3-1-5、图表 3-1-6 所示。

▼图表 3-1-4▼

4400142140　广东增值税专用发票　No. 0000xx

发票联

开票日期：2019 年 12 月 4 日

购买方	名　　　称：广州光辉灯具有限责任公司 纳税人识别号：914401012325612199 地址、电话：广州市海珠区江南大道中 50 号 020-84541245 开户行及账号：中国工商银行广州江南大道中支行 0124036184231234567				密码区	略		
货物或应税劳务、服务名称	规格型号	单位	数量	单价	金额	税率	税额
*筒灯外壳	40/箱	箱	30	50.00	1 500.00	13%	195.00
合　　　计					¥1 500.00		¥195.00
价税合计（大写）	⊗壹仟陆佰玖拾伍元整				（小写）¥1 695.00		
销售方	名　　　称：广州南华灯具厂 纳税人识别号：914401106669912344 地址、电话：广州市白云区机场路 666 号 020-87650001 开户行及账号：中国工商银行机场路支行 2402000819864256960				备注			

收款人：　　　　复核：　　　　　　　开票人：谢亚雯　　　　销售方：（章）

▼图表 3-1-5▼

银行承兑汇票（存根）3

出票日期：　　年　　月　　日　　　　　　　　汇票号码：

（大写）

付款人	全　　称		收款人	全　　称											
	账　　号			账　　号											
	开户银行			开户银行											
出票金额	人民币 （大写）				亿	千	百	十	万	千	百	十	元	角	元
汇票到期日 （大写）	年　　月　　日		交易合同号码												
本汇票经本行承兑，到期日本行付交。 承兑银行签章 年　　月　　日			本汇票请予以承兑到期日付款。 出票人签章												

第二联：发票联　购买方记账凭证

此联签发人存查

▼图表 3-1-6▼

收料单

供货单位：　　　　　　　　　　　年　月　日　　　　　　　　　　　第　号

材料类别	名称及规格	计量单位	数量		实际成本		计划成本	
			应收	实收	单价（元）	金额（元）	单价（元）	金额（元）
合计								

质量检验：　　　　　　　采购经手人：　　　　　　　仓库经手人：

2. 12 月 6 日，生产部门领用铝合金 30 箱，立即投入生产。相关原始凭证如图表 3-1-7 所示。

▼图表 3-1-7▼

领料单

领料部门：　　　　　　　　　　　年　月　日　　　　　　　　　　　第　号

材料名称	名称及规格	计量单位	数量		计划成本		实际成本		用途
			请领	实领	单价（元）	金额（元）	单价（元）	金额（元）	
合计									

仓库主管：　　　　　　　领料人：　　　　　　　仓库经手人：

3. 12 月 7 日，采购人员持支票一张，从广州珠江灯具厂购入筒灯外壳 30 箱，单价 40 元；射灯外壳 40 箱，单价 70 元。取得增值税专用发票列明价款 4 000 元，税额 520 元，实际结算金额为 4 520 元。材料均已验收入库。原始凭证如图表 3-1-8、3-1-9、3-1-10 所示。

▼图表 3-1-8▼

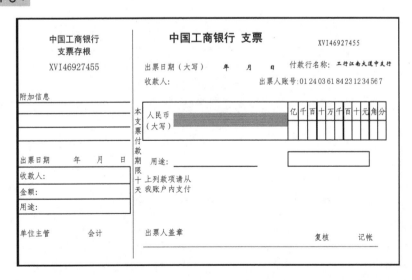

▼图表 3-1-9▼

4400142140	广东增值税专用发票	No. 0000xx

发票联

开票日期：2019 年 12 月 7 日

<table>
<tr><td rowspan="5">购
买
方</td><td>名　　　　称：</td><td colspan="4">广州光辉灯具有限责任公司</td><td rowspan="5">密
码
区</td><td rowspan="5">略</td></tr>
<tr><td>纳税人识别号：</td><td colspan="4">914401012325612199</td></tr>
<tr><td>地址、电话：</td><td colspan="4">广州市海珠区江南大道中 50 号　020-84541245</td></tr>
<tr><td>开户行及账号：</td><td colspan="4">中国工商银行广州江南大道中支行</td></tr>
<tr><td></td><td colspan="4">0124036184231234567</td></tr>
<tr><td colspan="2">货物或应税劳务、服务名称</td><td>规格型号</td><td>单位</td><td>数量</td><td>单价</td><td>金额</td><td>税率</td><td>税额</td></tr>
<tr><td colspan="2">*筒灯外壳</td><td>40/箱</td><td>箱</td><td>30</td><td>40.00</td><td>1 200.00</td><td>13%</td><td>156.00</td></tr>
<tr><td colspan="2">*射灯外壳</td><td>40/箱</td><td>箱</td><td>40</td><td>70.00</td><td>2 800.00</td><td>13%</td><td>364.00</td></tr>
<tr><td colspan="2">合　　计</td><td></td><td></td><td></td><td></td><td>¥4 000.00</td><td></td><td>¥520.00</td></tr>
<tr><td colspan="2">价税合计（大写）</td><td colspan="4">⊗肆仟伍佰贰拾元整</td><td colspan="3">（小写）¥4 520.00</td></tr>
<tr><td rowspan="5">销
售
方</td><td>名　　　　称：</td><td colspan="4">广州珠江灯具厂</td><td rowspan="5">备
注</td><td rowspan="5">广州珠江灯具厂
91440306123454321
发票专用章</td></tr>
<tr><td>纳税人识别号：</td><td colspan="4">914403001234543211</td></tr>
<tr><td>地址、电话：</td><td colspan="4">广州市天河区马场路 555 号　020-87650003</td></tr>
<tr><td>开户行及账号：</td><td colspan="4">中国工商银行马场路支行</td></tr>
<tr><td></td><td colspan="4">2402007809468976543</td></tr>
</table>

收款人：　　　　　复核：　　　　　开票人：钟莹莹　　　　　销售方：（章）

第二联：发票联　购买方记账凭证

▼图表 3-1-10▼

收料单

供货单位：　　　　　　　　　　年　　月　　日　　　　　　　　　　第　　号

材料类别	名称及规格	计量单位	数量		实际成本		计划成本	
			应收	实收	单价（元）	金额（元）	单价（元）	金额（元）
合计								

质量检验：　　　　　　　　采购经手人：　　　　　　　　仓库经手人：

　　4．12 月 10 日，采购人员从深圳岭南材料厂购入铝合金 50 箱，单价 115 元。取得增值税专用发票列明价款 5 750 元，税额 747.5 元。对方代垫运费 545 元，已收到相关发票与账单，但材料尚未入库。采用信汇方式支付所有价款。相关原始凭证如图表 3-1-11、图表 3-1-12、图表 3-1-13 所示。

▼图表 3-1-11▼

4400142140　　广东增值税专用发票　　No. 0000xx

发票联

开票日期：2019 年 12 月 10 日

购买方	名　　称：广州光辉灯具有限责任公司 纳税人识别号：914401012325612199 地址、电话：广州市海珠区江南大道中 50 号 020-84541245 开户行及账号：中国工商银行广州江南大道中支行 0124036184231234567					密码区	略		
货物或应税劳务、服务名称	规格型号	单位	数量	单价	金额		税率	税额	
*铝合金	40/箱	箱	50	115.00	5 750.00		13%	747.500	
合　　计					¥5 750.00			¥747.50	
价税合计（大写）	⊗陆仟肆佰玖拾柒元伍角整						（小写）¥6 497.50		
销售方	名　　称：深圳岭南材料厂 纳税人识别号：914403001234567899 地址、电话：深圳市红岭路 169 号　0755-85340002 开户行及账号：中国工商银行红岭支行 2402001609435632378					备注	深圳岭南材料厂 914403001234567899 发票专用章		

收款人：　　　　复核：　　　　开票人：陈乐　　　　销售方：（章）

第二联：发票联　购买方记账凭证

▼图表 3-1-12▼

4400142140　　广东增值税专用发票　　No. 0000xx

抵扣联

开票日期：2019 年 12 月 10 日

购买方	名　　称：广州光辉灯具有限责任公司 纳税人识别号：914401012325612199 地址、电话：广州市江南大道中 50 号 020-84541245 开户行及账号：中国工商银行广州江南大道中支行 0124036184231234567					密码区	略		
货物或应税劳务、服务名称	规格型号	单位	数量	单价	金额		税率	税额	
*运输费					500.00		9%	45.00	
合　　计					¥500.00			¥45.00	
价税合计（大写）	⊗伍佰肆拾伍元整						（小写）¥545.00		
销售方	名　　称：广州顺风运输有限公司 纳税人识别号：914401042897801200 地址、电话：广州市白云区黄石路 2 号 020-8906113 开户行及账号：中国工商银行黄石路办 053647951232					备注	运输站：深圳——广州 运输货物：铝合金 50 箱 914401042897801200 发票专用章		

收款人：杨小龙　　　复核：曾珍　　　开票人：李立三　　　销售方：（章）

第三联：抵扣联　购买方扣税凭证

▼图表 3-1-13▼

中国工商银行　　信汇凭证（回单）1

委托日期　　年　月　日

汇款人	全称		收款人	全称	
	账号			账号	
	汇出地点			汇入地点	
汇出行名称			汇入行名称		

金额	人民币（大写）		亿	千	百	十	万	千	百	十	元	角	分

	支付密码	
	附加信息及用途	
汇出行签章	复核：　　　　　记账：	

5. 12 月 11 日，研发部门领用筒灯外壳 40 箱和灯珠 60 箱，用于研发测试。相关原始凭证如图表 3-1-14 所示。

▼图表 3-1-14▼

领料单

领料部门：　　　　　　年　月　日　　　　　　第　号

材料名称	名称及规格	计量单位	数量		计划成本		实际成本		用途
			请领	实领	单价（元）	金额（元）	单价（元）	金额（元）	
合计									

仓库主管：　　　　　领料人：　　　　　仓库经手人：

6. 12 月 15 日，采购人员开出支票一张，从广州珠江灯具厂购入筒灯外壳 30 箱，单价 35 元；射灯外壳 40 箱，单价 75 元。取得增值税专用发票列明价款 4 050 元，税额 526.5 元，实际结算金额为 4 576.5 元。材料均已验收入库。相关原始凭证如图表 3-1-15、图表 3-1-16、图表 3-1-17 所示。

▼图表 3-1-15▼

中国工商银行 支票存根 XVI46927487	中国工商银行 支票 XVI46927487
	出票日期（大写） 年 月 日 付款行名称：工行江南大道中支行
附加信息	收款人： 出票人账号：01 24 03 61 84 23 12 34 56 7

中国工商银行
支票存根
XVI46927487

附加信息

出票日期　年　月　日
收款人：
金额：
用途：

单位主管　　　会计

本支票付款期限　十天

人民币（大写）

亿 千 百 十 万 千 百 十 元 角 分

用途：_____

上列款项请从
我账户内支付

出票人盖章　　　　　　　复核　　记帐

▼图表 3-1-16▼

4400142140 　广东增值税专用发票　 No. 0000xx

发票联

开票日期：2019 年 12 月 15 日

购买方	名　　　称：广州光辉灯具有限责任公司 纳税人识别号：914401012325612199 地址、电话：广州市海珠区江南大道中 50 号 020-84541245 开户行及账号：中国工商银行广州江南大道中支行 0124036184231234567	密码区	略

货物或应税劳务、服务名称	规格型号	单位	数量	单价	金额	税率	税额
*筒灯外壳	40/箱	箱	30	35.00	1 050.00	13%	136.50
*射灯外壳	40/箱	箱	40	75.00	3 000.00	13%	390.00
合　　计					¥4 050.00		¥526.50

价税合计（大写）	⊗ 肆仟伍佰柒拾陆元五角整	（小写）¥4 576.50

销售方	名　　　称：广州珠江灯具厂 纳税人识别号：914403001234543211 地址、电话：广州市天河区马场路 555 号 020-87650003 开户行及账号：中国工商银行马场路支行 2402007809468976543	备注	广州珠江灯具厂 914403001234543211 发票专用章

收款人：　　　　复核：　　　　开票人：钟莹莹　　　销售方：（章）

第二联：发票联 购买方记账凭证

▼图表 3-1-17▼

收料单

供货单位：　　　　　　　　　　年　　月　　日　　　　　　　　　　第　　号

材料类别	名称及规格	计量单位	数量		实际成本		计划成本	
			应收	实收	单价（元）	金额（元）	单价（元）	金额（元）
合计								

质量检验：　　　　　　　　采购经手人：　　　　　　　　仓库经手人：

7．12 月 16 日，如数验收本月 10 日从深圳岭南材料厂购入铝合金 50 箱。相关原始凭证如图表 3-1-18 所示。

▼图表 3-1-18▼

收料单

供货单位：　　　　　　　　　　年　　月　　日　　　　　　　　　　第　　号

材料类别	名称及规格	计量单位	数量		实际成本		计划成本	
			应收	实收	单价（元）	金额（元）	单价（元）	金额（元）
合计								

质量检验：　　　　　　　　采购经手人：　　　　　　　　仓库经手人：

8．12 月 17 日，生产部门领用筒灯外壳 50 箱和射灯外壳 20 箱，立即投入生产。相关原始凭证如图表 3-1-19 所示。

▼图表 3-1-19▼

领料单

领料部门：　　　　　　　　　　年　　月　　日　　　　　　　　　　第　　号

材料名称	名称及规格	计量单位	数量		计划成本		实际成本		用途
			请领	实领	单价（元）	金额（元）	单价（元）	金额（元）	
合计									

仓库主管：　　　　　　　　领料人：　　　　　　　　仓库经手人：

9．12 月 18 日，采购人员采用电汇结算方式，从深圳岭南材料厂购入灯珠 50 箱，单价 190 元；筒灯外壳 40 箱，单价 45 元。取得增值税专用发票列明价款 11 300 元，税额 1 469 元。材料已验收入库。相关原始凭证如图表 3-1-20、图表 3-1-21、图表 3-1-22 所示。

▼图表 3-1-20▼

4400142140　　广东增值税专用发票　　No. 0000xx

发票联

开票日期：2019 年 12 月 18 日

购买方	名　称：广州光辉灯具有限责任公司 纳税人识别号：914401012325612199 地 址、电 话：广州市海珠区江南大道中 50 号 020-84541245 开户行及账号：中国工商银行广州江南大道中支行 0124036184231234567				密码区	略	
货物或应税劳务、服务名称	规格型号	单位	数量	单价	金额	税率	税额
*灯珠	40 个/箱	箱	50	190.00	9 500.00	13%	1 235.00
*筒灯外壳	40 个/箱	箱	40	45.00	1 800.00	13%	234.00
合　计					¥11 300.00		¥1 469.00
价税合计（大写）	⊗壹万贰仟柒佰陆拾玖元整				（小写）¥12 769.00		
销售方	名　称：深圳岭南材料厂 纳税人识别号：914403001234567899 地 址、电 话：深圳市红岭路 169 号 0755-87650001 开户行及账号：中国工商银行红岭支行 2402001609435632378				备注	深圳岭南材料厂 914403001234567899 发票专用章	

收款人：　　复核：　　开票人：陈乐　　销售方：（章）

第二联：发票联 购买方记账凭证

▼图表 3-1-21▼

中国工商银行电汇凭证（回单）3

√ □普通　□加急委托日期：　　年　月　日

汇款人	全称		收款人	全称	
	账号			账号	
	汇出地点			汇入地点	
汇出行名称			汇入行名称		
金额	人民币（大写）			亿 千 百 十 万 千 百 十 元 角 分	
			支付密码		
中国工商银行 广州江南大道中支行 2019.12.18 转讫 汇出行签章			附加信息及用途： 复核　记账		

此联作汇出行给汇款人的回单

▼ **图表 3-1-22** ▼

收料单

供货单位：　　　　　　　　　　　　年　　月　　日　　　　　　　　　第　　号

材料类别	名称及规格	计量单位	数量		实际成本		计划成本	
			应收	实收	单价（元）	金额（元）	单价（元）	金额（元）
合计								

质量检验：　　　　　　　　　　采购经手人：　　　　　　　　　　仓库经手人：

10. 12 月 20 日，销售部门领用灯珠、筒灯外壳、射灯外壳和铝合金各 20 箱，作为展销会展示样品。相关原始凭证如图表 3-1-23 示。

▼ **图表 3-1-23** ▼

领料单

领料部门：　　　　　　　　　　　年　　月　　日　　　　　　　　　第　　号

材料名称	名称及规格	计量单位	数量		计划成本		实际成本		用途
			请领	实领	单价（元）	金额（元）	单价（元）	金额（元）	
合计									

仓库主管：　　　　　　　　　　领料人：　　　　　　　　　　仓库经手人：

11. 12 月 21 日，开出支票一张，偿还上月 18 日向珠海澳广材料厂购入灯珠 80 箱的欠款。当时取得增值税专用发票列明价款 16 000 元，税额 2 080 元。对方开出现金折扣条件（2/10，1/20，n/30）。相关原始凭证如图表 3-1-24 示。

▼ **图表 3-1-24** ▼

12. 12 月 24 日，车间管理部门领用灯珠 20 箱和铝合金 30 箱，用于车间装饰。相关原始凭证如图表 3-1-25 所示。

▼**图表 3-1-25**▼

领料单

领料部门：　　　　　　　　　　　　　　年　月　日　　　　　　　　　第　号

材料名称	名称及规格	计量单位	数量		计划成本		实际成本		用途
			请领	实领	单价（元）	金额（元）	单价（元）	金额（元）	
合计									

仓库主管：　　　　　　　　　　领料人：　　　　　　　　　　仓库经手人：

13. 12 月 29 日，向珠海澳广材料厂购入灯珠 60 箱，材料已验收入库，发票账单未到，月末按计划成本价值入账。相关原始凭证如图表 3-1-26 所示。

▼**图表 3-1-26**▼

收料单

供货单位：　　　　　　　　　　　　　　年　月　日　　　　　　　　　第　号

材料类别	名称及规格	计量单位	数量		实际成本		计划成本	
			应收	实收	单价（元）	金额（元）	单价（元）	金额（元）
合计								

质量检验：　　　　　　　　　采购经手人：　　　　　　　　　仓库经手人：

14. 12 月 30 日，公司组织年末存货清查，结果盘亏灯珠 2 箱。相关原始凭证如图表 3-1-27 所示。

▼**图表 3-1-27**▼

存货盘盈盘亏报告单

年　月　日

存货名称	单位	计划单价	数量		盘盈			盘亏			原因
			账存	实存	数量	单价（元）	余额（元）	数量（元）	单价（元）	余额（元）	
合　计											

财务主管：　　　　　　　　　仓库主管：　　　　　　　　　库管员：

15. 12 月 31 日，收到存货盘盈盘亏报告单，对盘亏存货进行账目处理。相关原始凭证如图表 3-1-28 所示。

▼**图表 3-1-28**▼

存货盘盈盘亏处理通知单

年　　　月　　　日

经审查确认盘亏灯珠两箱，仓库管理员小萌应承担责任赔偿 300.00 元，保险公司保险理赔 100.00 元。

总经理:　　　　　　　　　　财务主管:　　　　　　　　　　仓库主管:

16. 采用先进先出法登记本月铝合金收发情况（附账页）见图表 3-1-29。

17. 采用月末一次加权平均法登记本月筒灯外壳收发情况（附账页）见图表 3-1-30。

18. 采用移动加权平均法登记本月灯珠收发情况（附账页）见图表 3-1-31。

*月初材料盘存情况（备注：适用于任务演练 16、17、18）：

（1）灯珠 80 箱；（2）铝合金 100 箱；（3）筒灯外壳 200 箱；（4）射灯外壳 150 箱。

（期初单价按模拟企业基本概况中"企业销售产品及材料价目表"中的价格）

▼**图表 3-1-29**▼

明细分类账（数量金额式）

会计科目:　　　　　　　　　　　　　　数量单位:　　　　　　　　　　金额单位: 元

年		凭　证		摘要	√	借　　方											贷　　方											借或贷	余　　额											
月	日	种类	号数			数量	单价	金额									数量	单价	金额										数量	单价	金额									
								十	万	千	百	十	元	角	分			十	万	千	百	十	元	角	分				百	十	万	千	百	十	元	角	分

▼**图表 3-1-30**▼

明细分类账（数量金额式）

会计科目:　　　　　　　　　　　　　　数量单位:　　　　　　　　　　金额单位: 元

年		凭　证		摘要	√	借　　方											贷　　方											借或贷	余　　额											
月	日	种类	号数			数量	单价	金额									数量	单价	金额										数量	单价	金额									
								十	万	千	百	十	元	角	分			十	万	千	百	十	元	角	分				百	十	万	千	百	十	元	角	分

▼图表 3-1-31▼

明细分类账（数量金额式）

会计科目：　　　　　　　　　　　　数量单位：　　　　　　　　　　　金额单位：元

年		凭证		摘要	√	借　方										贷　方										借或贷	余　额										
月	日	种类	号数			数量	单价	金额									数量	单价	金额									数量	单价	金额								
								十	万	千	百	十	元	角	分			十	万	千	百	十	元	角	分			百	十	万	千	百	十	元	角	分

19．采用计划成本法重新记录本月经济业务。

20．计算材料成本差异。相关原始凭证如图表 3-1-32 所示。

材料差异情况：（1）灯珠-300 元，（2）铝合金+855 元，（3）筒灯外壳-100 元，（4）射灯外壳+400 元。

▼图表 3-1-32▼

材料成本差异计算表

年　　　　月　　　　日　　　　　　　超支（+）节约（-）

类别	月初结存		本月收入		合计		成本差异率
	计划成本	成本差异	计划成本	成本差异	计划成本	成本差异	
合计							

C 任务评价

实训目标	评分	评分标准	得分
审核并填写完成原始单据	20	减分制，每填错、漏填一处扣 2 分	
存货计价方法演练并填制账簿	30	减分制，每种方法 10 分，结果错误不得分，过程错误一处扣 2 分	
计划成本法核算与材料成本差异计算	40	减分制，材料的收入与发出两部分结果错误均不得分，过程错误一处扣 2 分	
材料清查（能够处理清查结果并填制盘点报告）	10	减分制，每错填、漏填一处扣 2 分	
合　　计			

任务二　固定资产核算

一、任务引入

随着生产技术的不断发展，广州光辉灯具有限责任公司准备报废一批旧工艺加工设备，再购进一批新技术设备。会计主管让明明跟进公司固定资产全面盘点等相关事宜。明明该怎样处理盘点结果与账面不相符的情况呢？

二、知识链接

链接 1：外购的固定资产

其成本包括实际支付的买价、进口关税、其他税费，以及使固定资产达到预定可使用状态前所发生的可归属于该项资产的运输费、装卸费、安装费和专业人员服务费等。小规模纳税人购入固定资产进项税额不可抵扣，直接计入成本。

链接 2：固定资产折旧方法

（1）年限平均法（直线法）。

年折旧率　＝（1－预计净残值率）/预计使用寿命×100%

月折旧额　＝ 固定资产原值×年折旧率÷12

（2）工作量法。

单位工作量折旧额＝固定资产原值×（1－预计净残值率）/预计总工作量

某项固定资产月折旧额＝该项固定资产当月工作量×单位工作量折旧额

（3）双倍余额递减法。

年折旧率　＝ 2÷预计使用寿命×100%

月折旧额　＝ 固定资产净值×年折旧率÷12

（4）年数总和法。

年折旧率　＝ 尚可使用寿命/预计使用寿命的年数总和×100 %

月折旧额　＝（固定资产原价－预计净残值）×年折旧率÷12

链接 3：固定资产清理

企业因出售、报废、毁损、对外投资等原因处置固定资产。应核算：该项固定资产的账面价值，已计提的累计折旧，清理过程中应支付的相关税费及其他费用，取得出售固定资产的价款、残料价值和变价收入等处置收入，应由保险公司或过失人赔偿的损失等，并结转清理结果。

三、岗位练兵

典型任务示例

11 月 9 日，持商业承兑汇票一张，向广州五羊设备厂购入一台不需要安装的组装机 DY-668，取得的增值税专用发票上列明价款 500 000 元，税额 65 000 元。假定不考虑其他相关税费。相关原始凭证如图表 3-2-1、图表 3-2-2、图表 3-2-3、图表 3-2-4 所示。

▼图表 3-2-1▼

4400142140　　广东增值税专用发票　　No. 0000xx

发票联

开票日期：2019 年 11 月 9 日

| 购买方 | 名　　　　称：广州光辉灯具有限责任公司 纳税人识别号：914401012325612199 地　址、电　话：广州市海珠区江南大道中 50 号 020-84541245 开户行及账号：中国工商银行广州江南大道中支行 0124036184231234567 | | | | | 密码区 | 略 | | |

货物或应税劳务、服务名称	规格型号	单位	数量	单价	金额	税率	税额
*组装机	DY-668	台	1	500 000.00	500 000.00	13%	65 000.00
合计					¥500 000.00		¥65 000.00

价税合计（大写）	⊗伍拾陆万伍仟元整	（小写）¥565 000.00

| 销售方 | 名　　　　称：广州五羊设备厂 纳税人识别号：914401010123458888 地　址、电　话：广州市越秀区东风路 233 号 020-86632277 开户行及账号：中国工商银行东风路支行 2406323366611234567 | 备注 | [发票专用章：广州五羊设备厂 914401010123458888 发票专用章] |

收款人：　　　　复核：　　　　开票人：周浩彤　　　　销售方：（章）

第二联：发票联　购买方记账凭证

▼图表 3-2-2▼

4400142140　　广东增值税专用发票　　No. 0000xx

抵扣联

开票日期：2019 年 11 月 9 日

| 购买方 | 名　　　　称：广州光辉灯具有限责任公司 纳税人识别号：914401012325612199 地　址、电　话：广州市海珠区江南大道中 50 号 020-84541245 开户行及账号：中国工商银行广州江南大道中支行 0124036184231234567 | | | | | 密码区 | 略 | | |

货物或应税劳务、服务名称	规格型号	单位	数量	单价	金额	税率	税额
*组装机	DY-668	台	1	500 000.00	500 000.00	13%	65 000.00
合计					¥500 000.00		¥65 000.00

价税合计（大写）	⊗伍拾陆万伍仟元整	（小写）¥565 000.00

| 销售方 | 名　　　　称：广州五羊设备厂 纳税人识别号：914401010123458888 地　址、电　话：广州市越秀区东风路 233 号 020-86632277 开户行及账号：中国工商银行东风路支行 2406323366611234567 | 备注 | [发票专用章：广州五羊设备厂 914401010123458888 发票专用章] |

收款人：　　　　复核：　　　　开票人：周浩彤　　　　销售方：（章）

第三联：抵扣联　购买方扣税凭证

▼图表 3-2-3▼

商业承兑汇票　1

出票日期：贰零壹玖年拾壹月零玖日　　　　　　　　　　　　　　汇票号码：

（大写）

付款人	全　称	广州光辉灯具有限责任公司	收款人	全　称	广州五羊设备厂
	账　号	0124036184231234567		账　号	2406323366611234567
	开户银行	中国工商银行 广州江南大道中支行		开户银行	中国工商银行东风路支行

出票金额	人民币 （大写）伍拾陆万伍仟元整	亿	千	百	十	万	千	百	十	元	角	元
				¥	5	6	5	0	0	0	0	0

汇票到期日 （大写）	贰零贰零年零贰月零玖日	付款人开	行号	
交易合同号		户行	地址	

本汇票已经承兑，到期无条件支付票款。	本汇票请予以承兑到期日付款。
承兑人签章	出票人签章
承兑日期　2020 年 02 月 09 日	

此联持票人开户行随托收凭证寄付款人开户行

作借方凭证附件

▼图表 3-2-4▼

固定资产入账单

类别：生产设备　　　　　　　　　2019 年 11 月 9 日　　　　　　　No. 01　　　　　　　金额单位：元

名称	组装机	型号	DY-668	资产来源	外购	使用部门	生产部
单位	台	数量	1	购置日期	2019.11.9	使用日期	2019.11.9
供货单位	广州五羊设备厂			购入价格	500 000.00	价格合计	¥500 000.00
杂费	运费	安装费	工程物资	其他物资	其他		
备注							

财务主管：　　　　　　　　　设备管理员：　　　　　　　　　制单：周星

步骤 1：审核原始凭证。

步骤 2：编制记账凭证。

记账凭证

2019 年 11 月 9 日　　　　　　　　　　　　　　　　　　记字　第 001 号

摘要	总账科目	明细科目	借方金额										贷方金额										√
			千	百	十	万	千	百	十	元	角	分	千	百	十	万	千	百	十	元	角	分	
购买设备	固定资产	组装机		5	0	0	0	0	0	0	0												
	应交税费	应交增值税（进项税额）			6	5	0	0	0	0	0												
	应付票据	广州五羊设备厂												5	6	5	0	0	0	0	0	0	
合计			¥	5	6	5	0	0	0	0	0		¥	5	6	5	0	0	0	0	0	0	

财务主管：　　审核：　　　　　　记账：　　　　　　出纳：　　　　　　　　制单：周星

步骤3：登记收入明细账。

明细分类账（三栏式）

会计科目：固定资产——组装设备

2019年		凭证		摘要	√	借方										贷方										借或贷	余额									
月	日	种类	号数			千	百	十	万	千	百	十	元	角	分	千	百	十	万	千	百	十	元	角	分		千	百	十	万	千	百	十	元	角	分
11	1			承前页																						平										θ
11	09	记	001	购入资产			5	0	0	0	0	0	0	0	0											借		5	0	0	0	0	0	0	0	0

明细分类账（三栏式）

会计科目：应付票据——广州五羊设备厂

2019年		凭证		摘要	√	借方										贷方										借或贷	余额									
月	日	种类	号数			千	百	十	万	千	百	十	元	角	分	千	百	十	万	千	百	十	元	角	分		千	百	十	万	千	百	十	元	角	分
11	1			承前页																						平										θ
12	24	记	002	购入资产			5	6	5	0	0	0	0	0												借		5	6	5	0	0	0	0	0	

任务演练

1. 12月6日，持银行转账支票一张，向广州五羊设备厂购入一台需要安装的生产设备CX23，取得的增值税专用发票列明价款600 000元，税额78 000元。12月9日安装完毕，交付生产部使用，以现金支付安装工人的工资为4 600元。假定不考虑其他相关税费。相关原始凭证如图表3-2-5、图表3-2-6、图表3-2-7、图表3-2-8所示。

▼图表 3-2-5▼

4400142140　　广东增值税专用发票　　No. 0000xx

发票联

开票日期：2019 年 12 月 6 日

购买方	名　　　　称：广州光辉灯具有限责任公司 纳税人识别号：914401012325612199 地址、电话：广州市海珠区江南大道中 50 号 020-84541245 开户行及账号：中国工商银行广州江南大道中支行 　　　　　　0124036184231234567	密码区	略

货物或应税劳务、服务名称	规格型号	单位	数量	单价	金额	税率	税额
*生产设备	CX23	台	1	600 000.00	600 000.00	13%	78 000.00
合　　　计					￥600 000.00		￥78 000.00

价税合计（大写）	⊗陆拾柒万捌仟元整	（小写）￥678 000.00

销售方	名　　　　称：广州五羊设备厂 纳税人识别号：914401010123458888 地址、电话：广州市越秀区东风路 233 号 020-86632277 开户行及账号：中国工商银行东风路支行 　　　　　　2406323366611234567	备注	广州五羊设备厂 914401010123458888 发票专用章

收款人：　　　　复核：　　　　开票人：周浩彤　　　　销售方：（章）

第二联：发票联　购买方记账凭证

▼图表 3-2-6▼

<u>现金支出凭单</u>　　　　第　　号

年　月　日　　　　　　　　　附件　张

兹　因_____

付　给（收款人）_____　　　现金付讫

人民币（大写）_____ ￥ _____

付款人（或单位）　　　　　　　（签章）

▼图表 3-2-7▼

中国工商银行 支票存根 XVI46927455	中国工商银行 支票 XVI46927455
	出票日期（大写）　年　月　日　付款行名称：工行江南大道中支行
附加信息	收款人：　　　　　　　　　出票人账号：01 24 03 61 84 23 12 34 56 7

（中国工商银行支票，含"人民币（大写）"、亿千百十万千百十元角分栏、用途、上列款项请从我账户内支付、本支票付款期限十天、出票人盖章、复核、记帐等内容；支票存根含出票日期、收款人、金额、用途、单位主管、会计）

▼图表 3-2-8▼

固定资产入账单

类别　　　　　　　　　　年　　月　　日　　　　No.　　　　　金额单位：元

名称		型号		资产来源		使用部门	
单位		数量		购置日期		使用日期	
供货单位				购入价格			
杂费	运费	安装费	工程物资	其他物资	其他	价格合计	
备注							

财务主管：　　　　　　　　　设备管理员：　　　　　　　　　制单：

    2．公司决定自行将一处废弃房屋改造为仓库（经相关部门评估方案可行）。12 月 1 日，持银行承兑汇票一张（付款期限六个月）向广州建筑材料厂购入 5 000 袋水泥，收到的增值税专用发票列明价款 150 000 元，税额 19 500 元，物资当日收到。12 月 3 日，工程队领用水泥 800 袋，价值 4000 元，当即投入该项装修工程。12 月 20 日，工程队从材料仓库领取灯珠 20 箱，每箱 200 元，用于仓库装饰，购入时进项税额为 520 元。12 月 23 日，工程队从产品仓库领取射灯 5 箱，每箱 600 元，用于仓库装饰。12 月 25 日，开出支票一张，价值 9 800 元，用于结算工人薪酬。12 月 26 日，仓库交付仓储部门使用。不考虑题目数据以外的其他相关税费。相关原始凭证如图表 3-2-9、图表 3-2-10、图表 3-2-11、图表 3-2-12、图表 3-2-13、图表 3-2-14、图表 3-2-15、图表 3-2-16 所示。

▼图表 3-2-9▼

4400142140　　广东增值税专用发票　　No.0000xx

发票联

开票日期：2019 年 12 月 1 日

购买方	名　　　称：广州光辉灯具有限责任公司 纳税人识别号：914401012325612199 地址、电话：广州市海珠区江南大道中 50 号 020-84541245 开户行及账号：中国工商银行广州江南大道中支行 　　　　　　　0124036184231234567	密码区	略

货物或应税劳务、服务名称	规格型号	单位	数量	单价	金额	税率	税额
*水泥	50kg/袋	袋	5 000	30.00	150 000.00	13%	19 500.00
合　　　计					¥150 000.00		¥19 500.00

价税合计（大写）	⊗壹拾陆万玖仟伍佰元整	（小写）¥169 500.00

销售方	名　　　称：广州建筑材料厂 纳税人识别号：914401010123457777 地址、电话：广州市花都区建设北路 333 号 020-87678893 开户行及账号：中国工商银行建设北路支行 　　　　　　　2406323366627654321	备注	广州建筑材料厂 914401010123457777 发票专用章

收款人：　　　　　复核：　　　　　开票人：林子琪　　　　　销售方：（章）

第二联：发票联　购买方记账凭证

▼图表 3-2-10▼

银行承兑汇票（存根）3

出票日期：　年　月　日　　　　　　　　　　　汇票号码：

　　（大写）

付款人	全　称		收款人	全　称	
	账　号			账　号	
	开户银行			开户银行	

出票金额	人民币 （大写）	亿	千	百	十	万	千	百	十	元	角	元

汇票到期日 （大写）	年　月　日	交易合同号码	

本汇票经本行承兑，到期日本行付交。	本汇票请予以承兑到期日付款。
承兑银行签章 年　月　日	出票人签章

此联签发人存查

▼图表 3-2-11▼

收料单

供货单位：　　　　　　　　　年　月　日　　　　　　　第　号

材料类别	名称及规格	计量单位	数量		实际成本		计划成本	
			应收	实收	单价（元）	金额（元）	单价（元）	金额（元）
合计								

质量检验：　　　　　　　　采购经手人：　　　　　　　　仓库经手人：

▼图表 3-2-12▼

工程领料单

工程名称		领料部门	
领料人		领料日期	
序号	材料名称	型号规格	单价（元）	数量	合计
1					
2					
合计					

▼图表 3-2-13▼

领料单

领料部门：　　　　　　　　　年　月　日　　　　　　　第　号

材料名称	名称及规格	计量单位	数量		计划成本		实际成本		用途
			请领	实领	单价（元）	金额（元）	单价（元）	金额（元）	
合计									

仓库主管：　　　　　　　　领料人：　　　　　　　　仓库经手人：

▼图表 3-2-14▼

产品出库单

年　月　日

序号	产品名称	单位	数量		单价（元）	金额（元）	备注
			应发	实发			
合计							

部门经理：　　　　　会计：　　　　　仓管：　　　　　经办人：

▼图表 3-2-15▼

中国工商银行 支票存根 XVI46927455	中国工商银行 支票　　XVI46927455

中国工商银行
支票存根

XVI46927455

附加信息

出票日期　　年　月　日
收款人：
金额：
用途：

单位主管　　　　会计

中国工商银行 支票　　　　XVI46927455

出票日期（大写）　年　月　日　　付款行名称：工行江南大道中支行
收款人：　　　　　　　出票人账号：01 24 03 61 84 23 12 34 56 7

本支票付款期限十天

人民币
（大写）　　　　　　　　　　亿 千 百 十 万 千 百 十 元 角 分

用途：

上列款项请从
我账户内支付

出票人盖章　　　　　　　　　复核　　　记帐

▼图表 3-2-16▼

固定资产入账单

类别　　　　　　　　　年　月　日　　　　No.　　　　金额单位：元

名称		型号		资产来源		使用部门	
单位		数量		购置日期		使用日期	
供货单位				购入价格			
杂费	运费	安装费	工程物资	其他物资	其他	价格合计	
备注							

财务主管：　　　　　　　　设备管理员：　　　　　　　制单：

3．为了扩大生产规模，公司决定采用出包方式增建一个小型生产车间。12 月 2 日，与广州江湾材料厂签出包协议，开出支票预先支付首款 19.62 万元。工程于次日动工。12 月 30 日工程完工达到预定可使用状态，并交付生产车间管理，按协议约定开出支票一张，支付剩余工程款 34.88 万元。不考虑题目数据以外的其他相关税费。相关原始凭证如图表 3-2-17、图表 3-2-18、图表 3-2-19、图表 3-2-20、图表 3-2-21 所示。

▼图表 3-2-17▼

4400142140　广东增值税专用发票　No.0000xx

发票联

开票日期：2019 年 12 月 2 日

购买方	名　　　称：广州光辉灯具有限责任公司 纳税人识别号：914401012325612199 地　址、电话：广州市海珠区江南大道中 50 号 020-84541245 开户行及账号：中国工商银行广州江南大道中支行 　　　　　　　0124036184231234567				密码区	略		
货物或应税劳务、服务名称	规格型号	单位	数量	单价	金额	税率	税额
*项目承包			1	180 000.00	180 000.00	9%	16 200.00
合　　　计					¥180 000.00		¥16 200.00
价税合计（大写）	⊗壹拾玖万陆仟贰佰元整				（小写）¥196 200.00		
销售方	名　　　称：广州江湾材料厂 纳税人识别号：914401050123458877 地　址、电话：广州市海珠区仲恺路 666 号 020-87878893 开户行及账号：中国工商银行江湾支行 　　　　　　　2406323366637654321				备注	广州江湾材料厂 914401050123458877 发票专用章		

收款人：　　　　复核：　　　　开票人：林子琪　　　　销售方：（章）

第二联：发票联　购买方记账凭证

▼图表 3-2-18▼

中国工商银行 支票存根 XVI46927455 附加信息 出票日期　年　月　日 收款人： 金额： 用途： 单位主管　　会计	中国工商银行　支票　　　XVI46927455 出票日期（大写）　年　月　日　付款行名称：工行江南大道中支行 收款人：　　　　　出票人账号：0124036184231234567 人民币（大写）　　　　　亿千百十万千百十元角分 用途： 上列款项请从 我账户内支付 出票人盖章　　　　　　复核　记帐

▼ 图表 3-2-19 ▼

4400142140　广东增值税专用发票　No. 0000xx

发票联

开票日期：2019 年 12 月 30 日

<table>
<tr><td rowspan="4">购买方</td><td colspan="2">名　　　称：广州光辉灯具有限责任公司</td><td rowspan="4">密码区</td><td rowspan="4">略</td></tr>
<tr><td colspan="2">纳税人识别号：914401012325612199</td></tr>
<tr><td colspan="2">地址、电话：广州市海珠区江南大道中 50 号 020-84541245</td></tr>
<tr><td colspan="2">开户行及账号：中国工商银行广州江南大道中支行
0124036184231234567</td></tr>
</table>

货物或应税劳务、服务名称	规格型号	单位	数量	单价	金额	税率	税额
*项目承包			1	320 000.00	320 000.00	9%	28 800.00
合　　计					¥320 000.00		¥28 800.00

价税合计（大写）	⊗叁拾肆万捌仟捌佰元整	（小写）¥348 800.00

<table>
<tr><td rowspan="4">销售方</td><td colspan="2">名　　　称：广州江湾材料厂</td><td rowspan="4">备注</td><td rowspan="4"></td></tr>
<tr><td colspan="2">纳税人识别号：914401050123458877</td></tr>
<tr><td colspan="2">地址、电话：广州市海珠区仲恺路 666 号 020-87878893</td></tr>
<tr><td colspan="2">开户行及账号：中国工商银行江湾支行
2406323366637654321</td></tr>
</table>

收款人：　　　　复核：　　　　开票人：林子琪　　　　销售方：（章）

▼ 图表 3-2-20 ▼

中国工商银行
支票存根

XVI46927455

附加信息

出票日期　年　月　日

收款人：

金额：

用途：

单位主管　　　会计

中国工商银行　支票　　　XVI46927455

出票日期（大写）　年　月　日　　付款行名称：工行江南大道中支行

收款人：　　　　出票人账号：01 24 03 61 84 23 12 34 56 7

本支票付款期限十天

人民币（大写）　　　　| 亿 | 千 | 百 | 十 | 万 | 千 | 百 | 十 | 元 | 角 | 分 |

用途：

上列款项请从我账户内支付

出票人盖章　　　　　　　复核　　记帐

▼图表 3-2-21▼

固定资产入账单

类别　　　　　　　　　　　　　　年　月　日　　　　　　No.　　　金额单位：元

名称		型号		资产来源		使用部门	
单位		数量		购置日期		使用日期	
供货单位				购入价格		价格合计	
杂费	运费	安装费	工程物资	其他物资	其他		
备注							

财务主管：　　　　　　　　设备管理员：　　　　　　　　制单：

4. 公司的一辆运输用小汽车原值为 400 000 元，预计使用年限为 5 年，净残值率为 5%。12 月 30 日，采用年限平均法对其进行折旧并填写折旧计算表。假设公司未对该设备计提减值准备。相关原始凭证如图表 3-2-22 所示。

▼图表 3-2-22▼

固定资产折旧计算表

年　月　日　　　　　　　　　金额单位：元

部门	项目	原值	预计使用年限	净残值率	已计提年折旧额	应计提年折旧额

主管：　　　　　　　会计：　　　　　　　复合：　　　　　　　制单：

5. 公司的一台生产用机器设备原值为 500 000 元，预计生产量为 6 000 000 个，净残值率为 5%，本月生产产品 60 000 个。12 月 30 日，采用工作量法对其进行折旧并填写折旧计算表。假设公司未对该设备计提减值准备。相关原始凭证如图表 3-2-23 所示。

▼图表 3-2-23▼

固定资产折旧计算表

年　月　日　　　　　　　　　金额单位：元

部门	项目	原值	净残值率	应提月折旧额	备注
合计					

主管：　　　　　　　会计：　　　　　　　复合：　　　　　　　制单：

6. 公司某生产用组装设备原值为 120 000 元，预计使用寿命为 5 年，预计净残值率为 4%。12 月 30 日，采用双倍余额递减法对其进行折旧并填写折旧计算表。假设公司没有对该机器设备计提减值准备。相关原始凭证如图表 3-2-24 所示。

双倍余额递减法固定资产折旧计算表

年   月   日   金额单位：元

使用年限	年初账面折余价值	年折旧率（%）	年折旧额	累计折旧额	年末账面折余价值
1					
2					
3					
4					
5					
合计					

主管：　　　　　会计：　　　　　复合：　　　　　制单：

7．公司某辅助生产用机器设备的原值为 200 000 元，预计使用年限为 5 年，预计净残值率为 5%。12 月 30 日，采用年数总和法对其进行折旧并填写折旧计算表。假设公司没有对该机器设备计提减值准备。相关原始凭证如图表 3-2-25 所示。

年数总和法固定值产折旧计算表

年   月   日   金额单位：元

使用年限	尚可使用年限	应计提折旧基数	年折旧率	年折旧额	累计折旧额
1					
2					
3					
合计					

主管：　　　　　会计：　　　　　复合：　　　　　制单：

8．12 月 30 日，公司生产部门有一台模具设备，因技术更新被淘汰清理。该设备原值 210 000 元，已经计提的折旧 89 560 元。清理过程中，收入残料钢板 50 千克，价值 800 元。当日开出支票，支付广州建设器材收购公司清理费用 4 000 元。次日，将残料钢板销售给广州惠福钢铁厂，取得 900 元现金收入。相关原始凭证如图表 3-2-26、图表 3-2-27、图表 3-2-28、图表 3-2-29、图表 3-2-30 所示。

入库单

年   月   日

序号	名称	单位	数量		单价（元）	金额（元）	备注
			应收	实收			

部门经理：　　　　　会计：　　　　　仓管：　　　　　经办人：

▼图表 3-2-27▼

固定资产报废审批单

使用部门：　　　　　　　　　　　　　　　　　　　　　　　　　金额单位：元

编码	资产名称	单价	数量	原值	累计折旧	净值	报废理由	备注

鉴定意见：

　　　　　　　　　　　　　　　　　　　　　　　　　　　　　　年　月　日

总经理审批意见：　　　　　　资产使用部门意见：　　　　　　财务部门意见：

▼图表 3-2-28▼

出库单

年　月　日

序号	名称	单位	数量		单价（元）	金额（元）	备注
			应发	实发			
合计							

部门经理：　　　　　会计：　　　　　仓管：　　　　　经办人：

▼图表 3-2-29▼

中国工商银行 支票存根　　XVI46927455

附加信息

出票日期　年　月　日
收款人：
金额：
用途：
单位主管　会计

中国工商银行　支票　　XVI46927455

出票日期（大写）　年　月　日　付款行名称：工行江南大道中支行
收款人：　　出票人账号：01 24 03 61 84 23 12 34 56 7

本支票付款期限十天

人民币（大写）　　　　亿千百十万千百十元角分

用途：
上列款项请从我账户内支付

出票人盖章　　　　复核　　记帐

▼图表 3-2-30▼

收　据

年　月　日　　　　　　　　　　　　　No.

兹　因＿＿＿＿＿＿＿＿＿＿＿＿＿＿

　　　　　　　　　　　　　　　　　| 现金付讫 |

付　给（收款人）＿＿＿＿＿＿＿＿＿＿

人民币（大写）＿＿＿＿＿＿＿＿＿¥＿＿＿＿

付款人（或单位）　　　　　　　　　（签章）

9．12月30日，公司在年底财产清查过程中，发现一台价值20 000元的供电设备未入账，该设备于今年购买，该盘盈固定资产作为前期差错进行处理。公司财产清查过程中发现短缺一台笔记本电脑，原价为10 000元，已计提折旧7 000元。无法查明原因，批准转销。相关原始凭证如图表3-2-31、图表3-2-32所示。

▼图表 3-2-31▼

错账更正审批表

年　月　日

错账摘要	错账金额（元）	错账原因
处理意见		

制表：　　　　　审批：　　　　　复核：　　　　　主管：

▼图表 3-2-32▼

固定资产盘盈（亏）报告单

使用部门：　　　　　　　　　　　　　　　　　　　　　金额单位：元

序号	编码	资产名称	品牌型号	盘盈（亏）数量	单价	账面原值（重置完全价值）	累计折旧	财产保管人	备注
鉴定意见：									

年　月　日

总经理审批意见：	资产使用部门意见：	财务部门意见：

任务评价

实训目标	评分	评分标准	得分
审核并填写完成原始单据	20	减分制，每填错、漏填一处扣2分	
外购固定资产核算与自建固定资产核算	20	减分制，结果错误不得分，过程错误一处扣2分	
固定资产折旧	30	减分制，每种方法10分，结果错误不得分，过程错误一处扣2分	
固定资产清理	20	减分制，清理过程中，结果错误不得分，过程错误一处扣2分	
固定资产清查（能够处理清查结果并填制盘点报告）	10	减分制，每错填、漏填一处扣2分	
合　计			

项目四

●●●●● 职 工 薪 酬 岗 位 核 算

📓 项目导读

　　以应付职工薪酬会计核算为载体,将代表性工作任务加以提炼、分析、整合,形成符合教学要求与规律的学习性工作任务。在学习的过程中以真实的应付职工薪酬核算过程中的原始凭证、记账凭证、账簿等代替传统教学中的作业本、试卷等,注重学生实务操作能力的培养,在学习结束后能进行职工薪酬计算、分配、发放等会计处理,通过体验工资核算岗位的工作,感受严谨规范操作的意义。

🖨 职业能力目标

　　1. 能够根据考勤表,依据出勤天数、岗位标准、各种补贴和奖金分配方案等内容,正确归集、计算并发放本单位职工的薪酬。
　　2. 能够对职工的薪酬进行分配和结算,编制工资结算汇总表。
　　3. 能够进行五险一金的计算与提取。
　　4. 能够进行福利费、工会经费、职工教育经费的计算与提取。
　　5. 能够进行支付货币性福利、非货币性福利的账务处理。
　　6. 能够进行支付工会经费、职工教育经费及五险一金的账务处理。

任务一　职工薪酬计算

一、任务引入

　　广州光辉灯具有限责任公司的工人李明一向负责射灯的制作,本月共请了三天病假、两天事假,李明本月拿到了 2 960 元的工资,他非常疑惑,不知道这个金额是如何得出的，你能否帮他计算并解释一下呢？

二、知识链接

链接 1：职工薪酬的概念及内容

职工薪酬是指企业为获得职工提供的服务而给予的各种形式的报酬以及其他相关支出。

根据《企业会计准则第 9 号——职工薪酬》的规定，职工薪酬包括：职工工资、奖金、津贴和补贴；职工福利费；医疗保险费、养老保险费、失业保险费、工伤保险费和生育保险费等社会保险费；住房公积金；工会经费和职工教育经费；非货币性福利；因解除与职工的劳动关系而给予的辞退补偿；其他与获得职工提供的服务相关的支出。

链接 2：年薪制

关于企业单位的薪资制度，年薪制和月薪制是两种常见的薪资方式。年薪制是以年度为单位，依据企业的生产经营规模和经营业绩，确定并支付经营者年薪的分配方式。

对实行年薪制薪酬制度的企业负责人，企业应当将符合国家规定的各项福利性货币补贴纳入薪酬体系统筹管理，发放或支付的福利性货币补贴从其个人应发薪酬中列支。

实行年薪制之后，企业负责人领取的报酬，实际上已全面考虑了其管理要素的贡献、职务消费和福利待遇等因素。因此，企业负责人福利性货币补贴收入是其年薪的组成部分，企业不应在其年薪之外单独发放。

链接 3：计时工资的计算

（1）计时工资的计算方式：年薪、月薪、日薪、小时工资（我国目前普遍采用的是月薪制）。

（2）月应付计时工资的计算方法有两种。

① 按月标准工资扣除缺勤扣款计算。

$$月应付计时工资 = 月标准工资 - 缺勤扣款$$

缺勤扣款包括病假、事假、旷工、迟到、早退等应扣的工资。

$$缺勤扣款 = 缺勤天数 \times 日工资 \times 扣发比例$$

② 按实际出勤天数直接计算。

$$月应付计时工资 = 出勤天数 \times 日工资 + 病假天数 \times 日工资 \times 病假工资标准$$

（3）日工资的计算方法。

① 每月固定按 30 日计算的日工资。

$$日工资 = 月基本工资 \div 30$$

 注意

用该方法计算日工资时，节假日也算工资，因而出勤期间的节假日也按出勤计算工资，病、事假缺勤期间的节假日，也按缺勤日扣工资。

② 每月按法定工作日 21 日计算的日工资。

$$日工资 = 月基本工资 \div 21$$

注意

用该方法计算日工资时，出勤期间的节假日不算出勤，不发工资，所以缺勤期间的节假日不算缺勤，不扣工资。

链接 4：计件工资的计算

计件工资的计算分为个人计件工资的计算和集体计件工资的计算。

（1）个人计件工资的计算应根据产量记录中登记的每一名工人的产量，乘以规定的计件单价计算。

应付计件工资＝∑（本月生产每种产品的产量×该种产品计件单价）

产品产量＝合格品数量＋料废品数量

由于工人本人过失造成的不合格品（工废产品）不计算，不支付工资。

（2）集体计件工资的计算与个人计件工资的计算方法基本相同。只是集体计件工资先以小组为单位进行计件工资的计算，再按一定标准进行各工人之间的工资分配。

工资分配率＝集体计件工资/集体成员工资量之和

每个组员的计件工资＝该组员工作总量×工资分配率

三、岗位练兵

典型任务示例

广州光辉灯具有限责任公司工人李凯明的月工资标准及 11 月的考勤情况如下表所示，要求：分别采用两种计时工资的计算方法计算李凯明 11 月份应得的工资。

姓名	基本工资	事假天数	病假天数	应发工资
李凯明	2 520 元	4 天	2 天	
备注	该工人病假工资按工资标准的 70%计算；病假和事假期间没有节假日。双休日休假 8 天，出勤 16 天。			

（1）每月按 30 天计算。

日工资＝月基本工资÷30＝2520÷30＝84（元）

① 按月标准工资扣除缺勤扣款计算。

月份	姓名	基本工资	事假天数	事假扣款	病假天数	病假扣款	应发工资
11 月	李凯明	2 520 元	4 天	336 元	2 天	50.4 元	2 133.6 元
备注	该工人病假工资按工资标准的 70%计算；病假和事假期间没有节假日。双休日休假 8 天，出勤 16 天。						

月应付计时工资＝月标准工资－缺勤扣款

＝月标准工资－缺勤天数×日工资×扣发比例

＝2 520－84×4－84×2×（1－70%）

＝2 520－336－50.4

＝2 133.6（元）

② 按实际出勤天数直接计算。

月份	姓名	出勤天数	出勤工资	病假天数	病假工资	应发工资
11 月	李凯明	24 天	2016 元	2 天	117.6 元	2 133.6 元
备注	该工人病假工资按工资标准的 70%计算；病假和事假期间没有节假日。双休日休假 8 天，出勤 16 天。					

$$月应付计时工资＝出勤天数×日工资＋病假天数×日工资×病假工资标准$$
$$＝（8＋16）×84＋2×84×70\%$$
$$＝2\ 016＋117.6$$
$$＝2\ 133.6（元）$$

（2）每月按法定工作天数 21 天计算。

$$日工资＝月基本工资÷21＝2\ 520÷21＝120（元）$$

① 按月标准工资扣除缺勤扣款计算。

月份	姓名	基本工资	事假天数	事假扣款	病假天数	病假扣款	应发工资
11 月	李凯明	2 520 元	4 天	480 元	2 天	72 元	1 968 元
备注	该工人病假工资按工资标准的 70%计算；病假和事假期间没有节假日。双休日休假 8 天，出勤 16 天。						

$$月应付计时工资＝月标准工资－缺勤扣款$$
$$＝月标准工资－缺勤天数×日工资×扣发比例$$
$$＝2\ 520－120×4－120×2×（1－70\%）$$
$$＝2\ 520－480－72$$
$$＝1\ 968（元）$$

② 按实际出勤天数直接计算。

月份	姓名	出勤天数	出勤工资	病假天数	病假工资	应发工资
11 月	李凯明	16 天	1 920 元	2 天	168 元	2 088 元
备注	该工人病假工资按工资标准的 70%计算；病假和事假期间没有节假日。双休日休假 8 天，出勤 16 天。					

$$月应付计时工资＝出勤天数×日工资＋病假天数×日工资×病假工资标准$$
$$＝16×120＋2×120×70\%$$
$$＝1\ 920＋168$$
$$＝2\ 088$$

🧩**任务演练**

1. 广州光辉灯具有限责任公司工人郑琦的月工资标准为 4 200 元。12 月份该工人病假 3 日，事假 2 日，周末休假 9 日，出勤 17 日。根据该工人的工龄，其病假工资按工资标准的 70%计算。该工人的病假和事假期间没有节假日。

要求：分别采用两种计时工资的计算方法计算郑琦 12 月份应得的工资。

（1）每月按 30 天计算。

① 按月标准工资扣除缺勤扣款计算。

月份	姓名	基本工资	事假天数	事假扣款	病假天数	病假扣款	应发工资
12月							
备注							

② 按实际出勤天数直接计算。

月份	姓名	出勤天数	出勤工资	病假天数	病假工资	应发工资
12月						
备注						

（2）每月按法定工作天数 21 天计算。

① 按月标准工资扣除缺勤扣款计算。

月份	姓名	基本工资	事假天数	事假扣款	病假天数	病假扣款	应发工资
12月							
备注							

② 按实际出勤天数直接计算。

月份	姓名	出勤天数	出勤工资	病假天数	病假工资	应发工资
12月						
备注						

2. 广州光辉灯具有限责任公司工人张跃月工资标准为 3 000 元，12 月份病假 1 天，事假 2 天，周末休假 8 天，假日 3 天，出勤 17 天。其中，根据其工龄，病假工资的支付标准是 70%。该职工请假期间没有节假日。

要求：分别采用两种计时工资的计算方法计算张跃 12 月份应得工资。

（1）每月按 30 天计算。

① 按月标准工资扣除缺勤扣款计算。

月份	姓名	基本工资	事假天数	事假扣款	病假天数	病假扣款	应发工资
12月							
备注							

② 按实际出勤天数直接计算。

月份	姓名	出勤天数	出勤工资	病假天数	病假工资	应发工资
12月						
备注						

（2）每月按法定工作天数 21 天计算。

① 按月标准工资扣除缺勤扣款计算。

月份	姓名	基本工资	事假天数	事假扣款	病假天数	病假扣款	应发工资
12 月							
备注							

② 按实际出勤天数直接计算。

月份	姓名	出勤天数	出勤工资	病假天数	病假工资	应发工资
12 月						
备注						

3．广州光辉灯具有限责任公司工人张明瑞本月生产 A、B 两种产品。A 产品完工验收的合格品为 16 件，料废品为 4 件，工废品为 1 件，其计件单价为 20 元；B 产品完工验收的合格品为 45 件，料废品为 5 件，工废品为 1 件，其计件单价为 30 元。张明瑞本月应得的计件工资为多少？

4．广州光辉灯具有限责任公司工人张华等三人小组本月共同完成灯具生产任务，共得计件工资 10 800 元。根据考勤记录，张华的工作时数为 200 小时，李玉的工作时数为 180 小时，谢军的工作时数为 160 小时。该生产小组按工作时数为标准分配，各人应得计件工资分别为多少？

5．广州光辉灯具有限责任公司工人王强月标准工资为 4 200 元，本月份日历天数为 30 天，共 9 个休息日，该职工病假 7 天（其中有 2 天是休息日），本月份出勤 16 天。王强本月份奖金 1 200 元，津贴和补贴 1 280 元，星期天加班 2 天，病假支付标准工资的 70%。要求：按每月 30 天和 21 天分别计算王强本月份的应付工资总额。

任务评价

实训目标	评分	评分标准	得分
编制采用每月 30 天、按月标准工资扣除缺勤扣款计算的工资条	20	减分制，每填错一项扣 5 分	
编制采用每月 30 天、按实际出勤天数计算的工资条	20	减分制，每填错一项扣 5 分	
编制采用每月 21 天、按月标准工资扣除缺勤扣款计算的工资条	20	减分制，每填错一项扣 5 分	
编制采用每月 21 天、按实际出勤天数计算的工资条	20	减分制，每填错一项扣 5 分	
计算员工的计件工资	20	减分制，每填错一项扣 5 分	
合　计			

任务二　职工薪酬归集与分配

一、任务引入

广州光辉灯具有限责任公司因工作需要，现招聘一名会计，要求大专及以上学历，试用期三个月，薪资待遇如下：

- 基本工资 3 000 元；
- 奖金 900 元；
- 岗位津贴 900 元；
- 节假日福利；
- 提供一间宿舍；
- 缴纳五险一金；
- 工会组织旅游等活动；
- 组织专业技能培训学习。

以上薪资待遇分别属于职工薪酬中的哪些部分？

二、知识链接

链接 1：货币性职工薪酬

对于货币性职工薪酬，企业应当根据职工提供服务的情况和职工货币薪酬标准计算。应计入货币性职工薪酬的金额有"五险一金"、工会经费和职工教育经费等。按照受益对象计入相关的成本或当期损益，同时确认应付职工薪酬，借记"管理费用""生产成本""制造费用"等科目，贷记"应付职工薪酬——货币性职工薪酬"科目。

链接 2：非货币性职工薪酬

非货币性职工薪酬是指企业以非货币性资产支付给职工的薪酬，主要包括企业以自产产品发放给职工作为福利、将企业拥有的资产无偿提供给职工使用、为职工无偿提供医疗保健服务等。

以其自产产品作为非货币性职工薪酬发放给职工，应当根据受益对象，按照该产品的公允价值，计入相关资产成本或当期损益，同时确认应付职工薪酬。

将拥有的房屋等资产无偿提供给职工使用的，应当根据受益对象，将该住房每期应计提的折旧计入相关资产成本或当期损益，同时确认应付职工薪酬，借记"管理费用""生产成本""制造费用"等科目，贷记"应付职工薪酬——非货币性职工薪酬"科目。

将租赁住房等资产供职工无偿使用的，应当根据受益对象，将每期应付的租金计入相关资产成本或当期损益，并确认应付职工薪酬，借记"管理费用""生产成本""制造费用"等科目，贷记"应付职工薪酬——非货币性职工薪酬"科目。难以认定受益对象的非货币性职工薪酬，直接计入当期损益和应付职工薪酬。

三、岗位练兵

◎ **典型任务示例**

1. 根据工资结算汇总表，编制计提工资的会计分录。相关原始凭证如图表 4-2-1 所示。

▼图表 4-2-1▼

工资结算汇总表

车间部门	人员类别	应付工资					代扣款项						实发工资
		标准工资	奖金	津贴	补贴	合计	养老保险	医疗保险	失业保险	住房公积金	个人所得税	合计	
基本生产车间	生产 A 产品工人	430 000	2 000	6 000	2 000	440 000	400	200	100	300	30 000	31 000	409 000
	生产 B 产品工人	390 000	2 000	6 000	2 000	400 000	400	200	100	300	30 000	31 000	369 000
车间管理人员		130 000	2 000	6 000	2 000	140 000	400	200	100	300	10 000	11 000	129 000
行政部门		118 000	800	400	400	120 800	320	160	60	260	8 000	8 800	112 000
销售部门		20 000	2 000	600	600	23 200	100	20	40	40	2 000	2 200	21 000
合计		1 088 000	8 800	7 000	7 000	1 124 000	1 620	780	400	1 200	80 000	84 000	1040 000

步骤 1：审核原始凭证。

步骤 2：编制记账凭证。

记账凭证

2019 年 11 月 30 日   记字 第 081 号

摘要	总账科目	明细科目	借方金额										贷方金额										√
			千	百	十	万	千	百	十	元	角	分	千	百	十	万	千	百	十	元	角	分	
计提工资	生产成本	基本生产成本（A 产品）			4	4	0	0	0	0	0	0											
		基本生产成本（B 产品）			4	0	0	0	0	0	0	0											
		制造费用			1	4	0	0	0	0	0	0											
		管理费用			1	2	0	8	0	0	0	0											
		销售费用				2	3	2	0	0	0	0											
	应付职工薪酬	工资													1	1	2	4	0	0	0	0	0	
合计			¥	1	1	2	4	0	0	0	0	0	¥	1	1	2	4	0	0	0	0	0	

财务主管：   审核：   记账：   出纳：   制单：林立

步骤 3：登记应付职工薪酬明细账。

明 细 分 类 账（三栏式）

会计科目：应付职工薪酬——工资

2019 年		凭证		摘要	√	借方										贷方										借或贷	余额									
月	日	种类	号数			千	百	十	万	千	百	十	元	角	分	千	百	十	万	千	百	十	元	角	分		千	百	十	万	千	百	十	元	角	分
				承前页																						平									θ	
11	30	记	081	计提工资													1	1	2	4	0	0	0	0	0	贷		1	1	2	4	0	0	0	0	0

2．编制计提各代扣款项的分录。

步骤 1：审核原始凭证。

步骤 2：编制记账凭证。

记账凭证

2019 年 11 月 30 日 　　　　　　　　记字　第 082 号

摘要	总账科目	明细科目	借-千	借-百	借-十	借-万	借-千	借-百	借-十	借-元	借-角	借-分	贷-千	贷-百	贷-十	贷-万	贷-千	贷-百	贷-十	贷-元	贷-角	贷-分	√
计提各代扣	应付职工薪酬	工资				8	4	0	0	0	0	0											
款项	其他应付款	职工养老保险															1	6	2	0	0	0	
		职工医疗保险																7	8	0	0	0	
		职工失业保险																4	0	0	0	0	
		住房公积金																1	2	0	0	0	
	应交税费	个人所得税															8	0	0	0	0	0	
合计					¥	8	4	0	0	0	0	0			¥	8	4	0	0	0	0	0	

财务主管：　　　　审核：　　　　记账：　　　　出纳：　　　　制单：林立

步骤 3：登记应付职工薪酬明细账。

明细分类账（三栏式）

会计科目：应付职工薪酬——工资

月	日	种类	号数	摘要	√	借-千	借-百	借-十	借-万	借-千	借-百	借-十	借-元	借-角	借-分	贷-千	贷-百	贷-十	贷-万	贷-千	贷-百	贷-十	贷-元	贷-角	贷-分	借或贷	余-千	余-百	余-十	余-万	余-千	余-百	余-十	余-元	余-角	余-分
				承前页																						平								θ		
11	30	记	081	计提工资														1	1	2	4	0	0	0	0	0	贷			1	1	2	4	0	0	0	0	0
11	30	记	082	计提代扣款				8	4	0	0	0	0	0												贷			1	0	4	0	0	0	0	0	0

3．根据工资总额计提福利费并进行会计处理。相关原始凭证如图表 4-2-2 所示。

▼图表 4-2-2▼

职工福利费计算表

人员类别	工资总额（元）	提取比率	应提取额
基本生产车间生产 A 产品工人	440 000	14%	61 600
基本生产车间生产 B 产品工人	400 000	14%	56 000
车间管理人员	140 000	14%	19 600
行政部门	120 800	14%	16 912
销售部门	23 200	14%	3 248
合计	1 124 000	14%	157 360

步骤 1：审核原始凭证。

步骤 2：编制记账凭证。

记账凭证

2019 年 11 月 30 日　　　　　　　　　　　　记字　第 083 号

摘要	总账科目	明细科目	借方金额									贷方金额									√
			千	百	十	万	千	百	十	元	角	分	千	百	十	万	千	百	十	元	角	分	
计提福利费	生产成本	基本生产成本（A 产品）			6	1	6	0	0	0	0											
		基本生产成本（B 产品）			5	6	0	0	0	0	0											
		制造费用			1	9	6	0	0	0	0											
		管理费用			1	6	9	1	2	0	0											
		销售费用				3	2	4	8	0	0											
	应付职工薪酬	职工福利费											1	5	7	3	6	0	0	0	
合计			¥	1	5	7	3	6	0	0	0	¥	1	5	7	3	6	0	0	0	

财务主管：　　　　审核：　　　　记账：　　　　出纳：　　　　制单：林立

步骤 3：登记应付职工薪酬明细账。

明细分类账（三栏式）

会计科目：应付职工薪酬——职工福利费

2019 年		凭证		摘要	√	借方										贷方										借或贷	余额									
月	日	种类	号数			千	百	十	万	千	百	十	元	角	分	千	百	十	万	千	百	十	元	角	分		千	百	十	万	千	百	十	元	角	分
				承前页																						平										θ
12	31	记	083	计提福利费															2	2	4	8	0	0	贷				2	2	4	8	0	0

任务演练

2019 年 12 月 15 日，广州光辉灯具有限责任公司根据企业实际情况，分别按工资总额的 14%计提职工福利费，受益对象为公司所有人员。按工资总额的 2%和 1.5%计提工会经费和职工教育经费。按照工资总额的 10%、12%、2%、10.5%计提医疗保险、养老保险、失业保险和住房公积金，缴纳给当地社会保险和住房公积金管理机构。

1．编制广州光辉灯具有限责任公司 12 月份的工资结算汇总表。相关原始凭证如图表 4-2-3 所示。

▼**图表 4-2-3**▼

工资结算汇总表

金额单位：元

| 车间部门 | 人员类别 | 应付工资 | | | | | 代扣款项 | | | | | | 实发工资 |
		标准工资	各种奖金	各种津贴	缺勤扣款	合计	个人所得税	医疗保险	养老保险	失业保险	住房公积金	合计	
基本生产车间	生产工人	378 000	32 000	16 000	6 400		8 400						
	管理人员	42 000	6 000	3 200	1 500		1 840						
辅助生产车间	生产工人	26 200	3 800	2 320	1 040		730						
行政管理部门	管理人员	84 000	8 000	3 960			740						
福利部门	福利部门人员	11 800	1 600	400	560		100						
销售部门	销售人员	132 000	18 000	3 200			640						
建造部门	建造厂房人员	14 600		900			570						
合计													

2．编制计提工资及各代扣款项的分录。

3．根据工资结算汇总表中的相关数据计提工会经费并进行会计处理。请填制相关原始凭证如图表 4-2-4 所示。

▼图表 4-2-4▼

工会经费计算表

金额单位：元

计提依据	金额	计提比例	提取金额	备注

4．根据工资结算汇总表中的相关数据计提职工教育经费并进行会计处理。请填制相关原始凭证如图表 4-2-5 所示。

▼图表 4-2-5▼

职工教育经费计算表

金额单位：元

计提依据	金额	计提比例	提取金额	备注

5．根据工资总额计提福利费并进行会计处理。请填制相关原始凭证如图表 4-2-6 所示。

▼图表 4-2-6▼

职工福利费计算表

金额单位：元

人员类别	工资总额	提取比率	应提取额
基本生产车间生产工人			
基本生产车间管理人员			
辅助生产车间生产工人			
行政管理人员			
福利部门人员			
销售部门人员			
建造厂房人员			
合计			

任务评价

实训目标	评分	评分标准	得分
编制工资结算汇总表	35	减分制，每填错、漏填一项扣 2 分	
编制职工福利费计算表	15	减分制，每填错、漏填一项扣 4 分	
记账凭证的填制与审核	30	减分制，每填错、漏填一项凭证要素扣 2 分	
登记应付职工薪酬明细账	20	减分制，每填错、漏填一项扣 2 分	
合　　计			

任务三 职工薪酬的支付

一、任务引入

月末将至，广州光辉灯具有限责任公司将开始支付职工薪酬，除了货币性福利之外，还决定将自产的射灯作为非货币性福利发放给员工，新来的职工薪酬岗位会计小丽在如何进行会计处理上犯了难，你能帮帮她吗？

二、知识链接

链接 1：支付职工工资、奖金、津贴和补贴

借记"应付职工薪酬——工资"科目，贷记"银行存款"、"库存现金"等科目；企业从应付职工薪酬中扣还的各种款项（代垫的家属药费、个人所得税等），借记"应付职工薪酬"科目，贷记"银行存款"、"库存现金"、"其他应收款"、"应交税费——应交个人所得税"等科目。

链接 2：支付职工福利费

企业向职工食堂、职工医院、生活困难职工等支付职工福利时，借记"应付职工薪酬——职工福利"科目，贷记"银行存款"、"库存现金"等科目。

链接 3：支付工会经费、职工教育经费和缴纳社会保险费、住房公积金

借记"应付职工薪酬——工会经费（或职工教育经费、社会保险费、住房公积金）"科目，贷记"银行存款"、"库存现金"等科目。

链接 4：发放非货币性福利

借记"应付职工薪酬——非货币性福利"科目，贷记"主营业务收入"科目；企业支付租赁住房等资产供职工无偿使用，借记"应付职工薪酬——非货币性福利"科目，贷记"银行存款"等科目。

三、岗位练兵

典型任务示例

广州光辉灯具有限责任公司决定将自产的射灯作为福利发放给 500 名职工，其中一线生产 A 产品的工人为 300 名，生产 B 产品的工人为 100 名，总部管理人员为 100 名。该射灯单位成本为 600 元/箱，单位计税价格（公允价值）为 1 000 元/箱，适用的增值税税率为 13%。广州光辉灯具有限责任公司应如何做账务处理？相关原始凭证如图表 4-3-1、图表 4-3-2 所示。

▼图表 4-3-1▼

4400142140　广东增值税专用发票　No. 0000xx

记账联

开票日期：2019 年 11 月 10 日

购买方	名　　　称：广州光辉灯具有限责任公司 纳税人识别号：914401012325612199 地址、电话：广州市海珠区江南大道中 50 号 020-84541245 开户行及账号：中国工商银行广州江南大道中支行 　　　　　　　0124036184231234567					密码区	略		
货物或应税劳务、服务名称	规格型号	单位	数量	单价	金额		税率	税额	
*射灯	40 个/箱	箱	500	1 000.00	500 000.00		13%	65 000.00	
合　　　计					¥500 000.00			¥65 000.00	
价税合计（大写）	⊗伍拾陆万伍仟元整						（小写）　¥565 000.00		
销售方	名　　　称：广州光辉灯具有限责任公司 纳税人识别号：914401012325612199 地址、电话：广州市海珠区江南大道中 50 号 　　　　　　020- 84541245 884532145 开户行及账号：中国工商银行广州江南大道中支行 　　　　　　　0124036184231234567					备注	广州光辉灯具有限责任公司 914401012325612199 发票专用章		

收款人：　　　复核：　　　开票人：李文娟　　　销售方：（章）

第一联：记账联　销售方记账凭证

▼图表 4-3-2▼

出库单

出货单位：广州光辉灯具有限责任公司　　　2019 年 11 月 10 日　　　单号：

提货单位					销售单号		
编号	名称及规格	单位	应发数量	实发数量	单价（元）	金额（元）	备注
102	射灯	箱	500	500	600.00	300 000.00	
合计						¥300 000.00	

部门经理：　　　会计：　　　仓管：黄丽　　　经办人：李斯

步骤 1：审核原始凭证。

步骤 2：编制记账凭证。

记账凭证

2019 年 11 月 10 日 　　　　　　　　　　记字　第 051 号

摘要	总账科目	明细科目	借方金额										贷方金额										√
			千	百	十	万	千	百	十	元	角	分	千	百	十	万	千	百	十	元	角	分	
计提非货币性福利	生产成本	基本生产成本（A产品）				3	3	9	0	0	0	0											
	生产成本	基本生产成本（B产品）				1	1	3	0	0	0	0											
	管理费用					1	1	3	0	0	0	0											
	应付职工薪酬	非货币性福利														5	6	5	0	0	0	0	
合计			¥	5	6	5	0	0	0	0	0	0	¥	5	6	5	0	0	0	0	0	0	

财务主管：　　　　审核：　　　　记账：　　　　出纳：　　　　制单：林立

记账凭证

2019 年 11 月 10 日 　　　　　　　　　　记字　第 052 号

摘要	总账科目	明细科目	借方金额										贷方金额										√
			千	百	十	万	千	百	十	元	角	分	千	百	十	万	千	百	十	元	角	分	
确认收入	应付职工薪酬	非货币性福利				5	6	5	0	0	0	0											
	主营业务收入	射灯														5	0	0	0	0	0	0	
	应交税费	应交增值税（销项税额）															6	5	0	0	0	0	
合计			¥	5	6	5	0	0	0	0	0	¥	5	6	5	0	0	0	0	0			

财务主管：　　　　审核：　　　　记账：　　　　出纳：　　　　制单：林立

记账凭证

2019 年 11 月 10 日 　　　　　　　　　　记字　第 053 号

摘要	总账科目	明细科目	借方金额										贷方金额										√
			千	百	十	万	千	百	十	元	角	分	千	百	十	万	千	百	十	元	角	分	
结转成本	主营业务成本					3	0	0	0	0	0	0											
	库存商品	射灯														3	0	0	0	0	0	0	
合计			¥	3	0	0	0	0	0	0	0	¥	3	0	0	0	0	0	0	0			

财务主管：　　　　审核：　　　　记账：　　　　出纳：　　　　制单：林立

步骤 3：登记应付职工薪酬明细账。

明细分类账（三栏式）

会计科目：应付职工薪酬——非货币性福利

2019年		凭证		摘要	√	借方										贷方										借或贷	余额									
月	日	种类	号数			千	百	十	万	千	百	十	元	角	分	千	百	十	万	千	百	十	元	角	分		千	百	十	万	千	百	十	元	角	分
11	1			承前页																						平									0	
11	10	记	051	发放非货币性福利													5	6	5	0	0	0	0	0	0	贷			6	5	0	0	0	0	0	0
11	10	记	052	确认收入			5	6	5	0	0	0	0	0	0											平									0	

任务演练

1. 2019 年 12 月 15 日，根据任务二，12 月份的工资结算汇总表中的实发工资签发支票并发放工资。请填制相关原始凭证如图表 4-3-3 所示。

▼**图表 4-3-3**▼

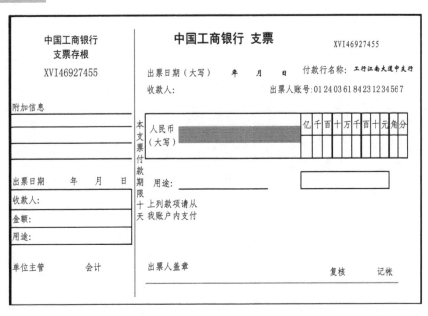

2. 2019 年 12 月 16 日，企业以银行存款缴纳职工的个人所得税。请填制相关原始凭证如图表 4-3-4 所示。

▼图表 4-3-4▼

中华人民共和国
税收完税证明

NO.D465231789023145637

填发日期：2019 年 12 月 16 日 　　税务机关：国家税务总局广州市税务局

纳税人识别号	9144010123256121 99		纳税人名称	广州光辉灯具有限责任公司		
原凭证号	税种	品目名称	税款所属时期	入（退）库日期	实（缴）退金额	
344055181200165511	个人所得税	工资薪金所得	2019-11-1 至 2019-11-30	2019-12-16	13 020.00	
金额合计	（大写）人民币 壹万叁仟零贰拾元整				¥13 020.00	
税务机关 盖章	填票人 广东省电子税务局			备注：		

系统税票号码：4532187912305 78917 　　　　　　　　妥善保管，手写无效

3．2019 年 12 月 20 日，企业以银行存款缴纳职工的住房公积金。缴存时，连同代扣的应由职工承担的部分一并缴存。收款人为广州市住房公积金管理中心。请填制相关原始凭证如图表 4-3-5、图表 4-3-6 所示。

▼图表 4-3-5▼

住房公积金汇缴书

年　月　日

附变更清册张

单位名称（公章）														
单位登记号		资金来源：□财政统发□非财政统发					汇缴×年×月份							
汇缴金额（大写）：				千	百	十	万	千	百	十	元	角	分	
	上月汇缴		本月增加		本月减少			本月汇缴						
人数														
金额														
缴款方式		□支票□委托收款		□现金送款簿			□汇款							
票据号码														
付款银行														
付款账户														

单位财务主管签名（盖章）：　　　　　复核：　　　　　　制单：

▼图表 4-3-6▼

中国工商银行 支票存根 XVI46927455	中国工商银行 支票 XVI46927455

中国工商银行 支票　　　　XVI46927455

出票日期（大写）　　年　月　日　　付款行名称：工行江南大道中支行

收款人：　　　　　　　出票人账号：01 24 03 61 84 23 12 34 56 7

附加信息

出票日期　　年　月　日

收款人：

金额：

用途：

单位主管　　　会计

本支票付款期限十天

人民币（大写）　　　　　　　　亿千百十万千百十元角分

用途：_____

上列款项请从我账户内支付

出票人盖章　　　　　　　　复核　　记帐

4．2019 年 12 月 25 日，企业以银行存款缴纳代扣的应由职工承担的医疗保险、养老保险、失业保险。相关原始凭证如图表 4-3-7 所示。

▼图表 4-3-7▼

中国工商银行 网上银行电子回单

电子回单号码：0011-1111-1111-1100

付款人	户　名	广州光辉灯具有限责任公司	收款人	户　名	广州市社会保险基金管理局
	账　号	012403618423		账　号	012485696177
	开户银行	中国工商银行广州江南大道中支行		开户银行	中国工商银行广州江南大道中支行
金　额		186 835.2			
摘　要			业务（产品）种类		0
用　途		社会保险费			
交易流水号			时间戳		
	备注：				
验证码：11111					
记账网点		记账柜员	王海清	记账日期	2018年12月25日

如需校验回单，请点击：回单校验　　　　　　　　打印日期：2018年12月25日

重要提示：本回单不作为收款方发货依据，并请勿重复记账

5. 2019 年 12 月 28 日，以现金支付销售部门员工陈丽的生活困难补助 1800 元。请填制相关原始凭证如图表 4-3-8 所示。

▼图表 4-3-8▼

公司领款单

领款部门：   日期： 年 月 日

款项内容			
付款金额 （大写）		金额 （小写）	
领导审批	现金付讫	财务审批	
		领款人签名	

6. 2019 年 12 月 31 日，公司以外购的每台不含税价格为 500 元的电暖器作为春节福利发放给公司职工，购买电暖气开具了增值税专用发票，增值税税率为 13%，开出支票支付。假定 100 名职工中 85 名为直接参加生产的职工，15 名为总部管理人员。相关原始凭证如图表 4-3-9、4-3-10、4-3-11、4-3-12 所示。

▼图表 4-3-9▼

4400142140　　　广东增值税专用发票　　　No. 0000xx

发票联

开票日期：2019 年 12 月 31 日

购买方	名　　　　称：广州光辉灯具有限责任公司 纳税人识别号：91440101232561219 地 址、电 话：广州市海珠区江南大道中 50 号 020-84541245 开户行及账号：中国工商银行广州江南大道中支行 　　　　　　　0124036184231234567	密码区	略

货物或应税劳务、服务名称	规格型号	单位	数量	单价	金额	税率	税额
*电暖器		台	100	500.00	50 000.00	13%	6 500.00
合　　　计					¥50 000.00		¥6 500.00

价税合计（大写）	⊗伍万陆仟伍佰元整	（小写）¥56 500.00

销售方	名　　　　称：广州中跃有限责任公司 纳税人识别号：914401106669945677 地 址、电 话：广州市白云区机场路 601 号 020-87653875 开户行及账号：中国工商银行机场路支行 　　　　　　　2402000819864252301	备注	广州中跃有限责任公司 914401106669945677 发票专用章

收款人：　　　复核：　　　开票人：陈佳欣　　　销售方：（章）

第二联：发票联　购买方记账凭证

▼图表 4-3-10▼

产品入库单

年　月　日　　　　　　　　　　单号：

品名及规格	单位	数量	单价（元）	金额（元）	备注
合计					

会计：　　　　　　　　　　验收：　　　　　　　　　　　　　　仓库保管员：

▼图表 4-3-11▼

产品出库单

出货单位：　　　　　　　　　　年　月　日　　　　　　　　单号：

提货单位					销售单号			
编号	名称及规格	单位	应发数量	实发数量	单价（元）	金额（元）	备注	
合计								

部门经理：　　　　　　　会计：　　　　　　　仓管：黄丽　　　　　经办人：李斯

▼图表 4-3-12▼

中国工商银行 支票存根 XVI46927455 附加信息 出票日期　年　月　日 收款人： 金额： 用途： 单位主管　　会计	中国工商银行 支票　　　　XVI46927455 出票日期（大写）　　年　月　日　付款行名称：工行江南大道中支行 收款人：　　　　　出票人账号：01 24 03 61 84 23 12 34 56 7

本支票付款期限十天

人民币（大写）　　　　亿 千 百 十 万 千 百 十 元 角 分

上列款项请从我账户内支付

用途：＿＿＿＿＿＿

出票人盖章　　　　　　　　复核　　　记帐

任务评价

实训目标	评分	评分标准	得分
填写原始单据（转账支票、住房公积金汇缴书、领款单）	20	减分制，每填错、漏填一项扣2分	
应付职工薪酬记账凭证的填制与审核	40	减分制，每填错、漏填一项要素扣2分	
登记有关应付职工薪酬明细账	40	减分制，每填错、漏填一项扣2分	
合　计			

项目五

●●●●● 成 本 费 用 岗 位 核 算

 项目导读

　　成本费用既包括对生产经营业务成本和有关的期间费用进行成本核算和分析，也包括对生产经营业务成本、期间费用和专项成本进行预测、决策、计划、控制和考核。本项目按照实际工作中的业务流程和操作步骤，介绍了与企业成本核算有关的会计业务的处理过程，具体内容包括：材料费用的归集与分配、辅助生产费用的归集与分配、制造费用的归集与分配、生产费用在完工产品与在产品之间的分配等方面的会计核算业务。

职业能力目标

1. 能够合理确定成本计算对象。
2. 能够恰当确定成本计算期及正确选择成本计算的方法。
3. 能够合理设置成本项目。
4. 能够合理选定费用分配标准。
5. 能够根据领料单汇总材料费用并计算不同产品共同耗用的原材料费用。
6. 能够根据计算分析结果填制材料费用分配表。
7. 能够编制材料费用分配记账凭证。
8. 能够登记有关成本费用总账和明细账。

任务一　材料费用的归集与分配

一、任务引入

　　一家生产面包机、烧烤炉、微波炉等小家电的企业，产品主要销往国外市场，2014年实现销售收入 6 000 万元。最近，业务员小李正在和美国某大型连锁超市洽谈 1 000 万元的微波炉订单，但该订单的型号、款式相比以前略有变动。小李不能一时间核算出成本是多少？原材料选用哪一款？怎样开料最经济？材料成本是多少？需要多少人工？新增模具费用是多少？心急如焚的小李只能求助财务和生产技术部，假如你作为财务人员怎样帮助小李呢？

二、知识链接

链接 1：费用分配率

费用分配率＝待分配费用总额÷∑分配标准（总量）

某种产品应分配费用＝该产品应分配的标准数×费用分配率

链接 2：定额耗用量比例

定额耗用量比例是消耗定额比较稳定、准确的情况下，以定额耗用量作为分配标准的一种费用分配方法。其计算步骤如下。

（1）计算各种产品的定额耗用量。

产品材料定额耗用量＝产品的实际产量×该种产品单位材料消耗定额

（2）计算原材料的分配率。

原材料分配率＝被分配的原材料费用÷产品定额消耗量之和

（3）计算各种产品应分配的材料费用。

某种产品应分配的原材料费用＝该种产品材料定额耗用量×材料费用分配率

链接 3：实际成本计价法和计划成本计价法的区别

（1）账户的使用不同：实际成本法下，购买的尚未验收入库材料的实际成本记入"在途物资"科目；计划成本法下，购买的尚未入库材料的实际成本记入"材料采购"科目；同时实际成本和计划成本之间的差额记入"材料成本差异"，并转入到相关的成本费用中去。

（2）计入成本费用时，实际成本可以直接转入，但是计划成本首先要将计划成本转入，然后将"材料成本差异"转入到相关的成本费用中去。

三、岗位练兵

🎯 典型任务示例

某企业生产甲、乙两种产品，共同耗用原材料 5 600 千克，每千克 1.2 元，共计 6 720 元。生产甲产品 1 000 件，甲产品单件原材料消耗定额为 2 千克；生产乙产品 800 件，单件乙产品单件原材料消耗定额为 1 千克。

1．计算各种产品原材料定额消耗量。

甲产品的定额消耗量＝1 000×2＝2 000（千克）

乙产品的定额消耗量＝800×1＝800（千克）

2．计算原材料消耗量分配率。

原材料消耗分配率＝5 600÷(2 000＋800)＝2

3．计算出各种产品应分配的原材料实际消耗量。

甲产品应分配原材料数量＝2 000×2＝4 000（千克）

乙产品应分配原材料数量＝800×2＝1 600（千克）

4．计算出各种产品应分配的原材料实际费用。

甲产品应分配原材料费用＝4 000×1.2＝4 800（元）

乙产品应分配原材料费用＝1 600×1.2＝1 920（元）

5．编制记账凭证。

记账凭证

2019 年 11 月 1 日　　　　　　　　　　　　　　　　记字　第 001 号

摘要	总账科目	明细科目	借方金额										贷方金额										√
			千	百	十	万	千	百	十	元	角	分	千	百	十	万	千	百	十	元	角	分	
产品生产	生产成本	基本生产成本（甲产品）					4	8	0	0	0	0											
	生产成本	基本生产成本（乙产品）					1	9	2	0	0	0											
		原材料															6	7	2	0	0	0	
合计						¥	6	7	2	0	0	0				¥	6	7	2	0	0	0	

财务主管：　　　　审核：　　　　　记账：李美　　　　出纳：　　　　　制单：张好

6．登记收入明细账。

基本生产成本明细账

产品名称：甲产品　　　　　　　生产车间：　　　　　　　　　　金额单位：元

年		凭证号	摘要	成本项目			合计
月	日			直接材料	直接人工	制造费用	
12	1	1	产品生产	4 800			

制单：张好

基本生产成本明细账

产品名称：乙产品　　　　　　　生产车间：　　　　　　　　　　金额单位：元

年		凭证号	摘要	成本项目			合计
月	日			直接材料	直接人工	制造费用	
12	1	1	产品生产	1 920			

制单：张好

任务演练

广州光辉灯具有限责任公司 2019 年 12 月份生产筒灯、射灯两种产品，有关资料如下：领料车间为基本车间——一车间及辅助生产车间——机修车间。本月筒灯产量为 600 件，单件产品消耗铝合金定额为 10 千克；射灯产量为 500 件，单件产品消耗铝合金定额为 8 千克。

要求：分配材料费用并运用定额消耗量比例分配计算筒灯、射灯共同耗用的原材料费用。按实际成本核算。

（1）根据领料单等凭证汇总材料费用并计算筒灯、射灯共同耗用的铝合金费用，如图表 5-1-1、图表 5-1-2、图表 5-1-3、图表 5-1-4、图表 5-1-5、图表 5-1-6 所示。

▼图表 5-1-1▼

领料单

领料部门：一车间　　　　　　　　　2019 年 12 月 1 日　　　　　　　　　仓库：

材料编号	材料名称	计量单位	数量	单价（元）	金额（元）	备注
001	筒灯外壳	箱	8	40	320.00	生产筒灯

部门主管：　　　　　　　　保管员：　　　　　　　　　　领料人：吴龙

▼图表 5-1-2▼

领料单

领料部门：一车间　　　　　　　　　2019 年 12 月 1 日　　　　　　　　　仓库：

材料编号	材料名称	计量单位	数量	单价（元）	金额（元）	备注
002	射灯外壳	箱	10	80	800.00	生产射灯

部门主管：　　　　　　　　保管员：　　　　　　　　　　领料人：吴龙

▼图表 5-1-3▼

领料单

领料部门：一车间　　　　　　　　　2019 年 12 月 1 日　　　　　　　　　仓库：

材料编号	材料名称	计量单位	数量	单价（元）	金额（元）	备注
003	铝合金	箱	10	120	1 200.00	筒灯、射灯共同耗用

部门主管：　　　　　　　　保管员：　　　　　　　　　　领料人：吴龙

▼图表 5-1-4▼

领料单

领料部门：一车间　　　　　　　　2019 年 12 月 15 日　　　　　　　　仓库：

材料编号	材料名称	计量单位	数量	单价（元）	金额（元）	备注
004	筒灯外壳	箱	12	40	480.00	管理耗用

部门主管：　　　　　　　　保管员：　　　　　　　　领料人：吴龙

▼图表 5-1-5▼

领料单

领料部门：机修车间　　　　　　　　2019 年 12 月 20 日　　　　　　　　仓库：

材料编号	材料名称	计量单位	数量	单价（元）	金额（元）	备注
005	灯珠	箱	20	200	4 000.00	修理耗用

部门主管：　　　　　　　　保管员：　　　　　　　　领料人：吴龙

▼图表 5-1-6▼

领料汇总表

2019 年 12 月 31 日

领料部门	用途	材料名称	数量	单价（元）	金额（元）
基本生产车间					
辅助生产车间					
合计					

制表：　　　　　　　　　　　　　　审核：

（2）运用定额耗用量比例分配计算筒灯、射灯共同耗用铝合金费用。

（3）编制材料费用分配汇总表，如图表 5-1-7 所示。

▼图表 5-1-7▼

材料耗用分配汇总表

2019 年 12 月 31 日

类 别 / 材料		直接计入材料	分配计入材料			材料费合计
			分配标准 （定额耗用量）（千克）	分配率	分配金额（元）	
基本生产车间 生产耗用	筒灯					
	射灯					
	小计					
基本生产车间 一般耗用						
辅助生产车间 耗用						
合 计						

制表：   审核：

（4）记账凭证的填制与审核。

（5）登记有关成本费用总账和明细账。

说明：上述材料费用分配表和会计分录是按照实际成本进行核算的，如果原材料费用按照计划成本进行核算，上述分配表和会计分录还需要分配材料成本差异。

任务评价

实训目标	评分	评分标准	得分
编制领料汇总表	25	减分制，每汇总计算错误一种扣 5 分	
运用定额消耗比例分配计算筒灯、射灯共同耗用铝合金费用	20	减分制，每一种材料的分配错误扣 10 分，根据具体细节酌情扣分	
编制材料费用分配汇总表	20	减分制，每一种材料的分配错误扣 10 分，根据具体细节酌情扣分	
记账凭证的填制与审核	20	减分制，每填制错误一张扣 5 分	
登记有关成本费用总账和明细账	15	减分制，每登记错误一个账簿扣 3 分	
合　　计			

任务二 辅助生产费用的归集与分配

一、任务引入

广州光辉灯具有限责任公司有两个基本生产车间，分别生产两个系列的 LED 灯，两个辅助生产车间，供水车间供给生产车间和办公室使用，但企业停电时，供电车间供应生产和办公照明。请分析供电和供水车间发生哪些费用？如何归集？如何分配？

二、知识链接

链接1：直接分配法

直接分配法是指在各辅助生产车间发生的费用，直接分配给辅助生产以外的各受益单位，辅助生产车间之间相互提供的产品和劳务，不互相分配费用的一种辅助费用分配方法。

采用直接分配法，由于各辅助生产费用只是进行对外分配，只分配一次，计算简便。当辅助生产车间相互提供产品或劳务差异较大时，分配结果往往与实际不符。

其分配的计算公式为：

某种辅助生产费用分配率＝该辅助生产车间费用总额÷基本生产车间和其他部门耗用劳务（或产品）总量

某车间、部门（或产品）应分配的辅助生产费用＝该车间、部门（或产品）耗用劳务总量×辅助生产费用分配率

链接2：交互分配法

交互分配法是指先将各种辅助生产车间直接发生的生产费用在辅助生产车间之间进行一次交互分配，然后将交互分配调整以后的费用额，再在辅助生产车间以外的各受益单位之间进行分配的一种辅助费用分配方法。

计算步骤及相关计算公式如下。

第一步：计算各辅助生产车间之间进行交互分配的分配率。

交互分配率＝某辅助生产车间的费用总额÷该辅助生产车间提供的劳务总量

第二步：计算各辅助生产车间应分配的费用。

某辅助生产车间应分配的费用＝该辅助生产车间耗用的劳务数量×交互分配率

第三步：计算各辅助生产车间交互分配后的实际费用。

某辅助生产车间交互分配后的生产费用总额＝该辅助生产车间费用总额＋交互分配转入的费用－交互分配转出的费用

第四步：计算对辅助生产车间以外的各受益产品、车间或部门的分配率。

对外分配率＝交互分配后该辅助生产车间的生产费用总额÷（该辅助生产车间提供的劳务总量－提供给其他辅助生产车间的劳务数量）

第五步：计算辅助生产车间以外各受益产品、车间或部门应分配的费用。

各受益产品、车间或部门应分配的辅助生产费用＝该受益产品、车间或部门耗用的劳动数量×对外分配率

链接3：计划成本法

计划成本法是指将辅助生产车间提供的产品或劳务，一律先按产品或劳务的计划单位成本分配给各受益产品、车间或部门，然后再将辅助生产车间发生的实际费用（待分配费用＋按计划成本分入的费用）与计划成本分配额之间的差额转出，进行调整分配的一种辅助费用分配方法。

计算步骤及相关计算公式如下。

第一步：根据各受益对象（包括其他辅助生产车间）接受产品或劳务的数量和计划单位成本，计算分配给各受益对象的费用数额。

第二步：将各辅助生产车间实际发生的费用与各车间计划成本分配转出的费用差额，对辅助生产车间以外的受益单位进行调整分配。

差额调整分配一般有两种会计处理方法：一是将差异按辅助生产车间以外各受益单位的受益比例分配；二是将差异全部分配给企业管理部门，将辅助生产差异合计后转入"管理费用"账户，超支时增加管理费用，节约时冲减管理费用。在实务中企业一般为了简化核算工作，通常采用第二种方法。

三、岗位练兵

典型任务示例

某企业设有供水和供电两个辅助生产车间，该企业每吨水的计划成本为0.80元，每度电的计划成本为0.55元，各辅助生产车间发生的生产费用和劳务供应量如下。

劳务供应通知单

辅助车间：供水车间 　　　　　　　　　　2019年11月

劳务种类	单位	各受益对象耗用量					
		供水车间	供电车间	筒灯	基本生产车间	行政管理部门	合计
供水	吨		1 000	4 800	3 700	500	10 000

制表：李香 　　　　　　　　　　审核：王莎

劳务供应通知单

辅助车间：供电车间 　　　　　　　　　　2019年11月

劳务种类	单位	各受益对象耗用量					
		供水车间	供电车间	射灯	基本生产车间	行政管理部门	合计
供电	度	5 000		25 000	18 000	2 000	50 000

制表：李香 　　　　　　　　　　审核：王莎

辅助生产费用明细账上归集的辅助生产费用总额为供水车间6 200元，供电车间25 650元。

要求：编制辅助生产费用分配表

计划成本同实际成本差异额由管理费用负担

编制辅助生产费用分配的记账凭证

辅助生产费用分配表（计划成本分配法）

2019 年 11 月

辅助生产车间	本月费用	供应量	计划单位成本	供水车间		供电车间		基本生产车间		甲产品		管理部门		按计划成本分配额计算	辅助生产实际成本	成本差异
				数量	金额	数量	金额	数量	金额	数量	金额	数量	金额			
供水	6200	10000	0.80			1000	800	3700	2960	4800	3840	500	400	8000	8950	950
供电	25650	50000	0.55	5000	2750			18000	9900	25000	13750	2000	1100	27500	26450	-1050
合计	31850				2750		800		12860		17590		1500	35500	35400	-100

制表：张岱　　　　　　　　　　　　审核：章晓

供水车间实际成本＝6 200＋2 750＝8 950（元）
供电车间实际成本＝25 650＋800＝26 450（元）
供水车间成本差异＝8 950－8 000＝950（元）
供电车间成本差异＝26 450－27 500＝－1 050（元）

记账凭证

2019 年 11 月 3 日　　　　　　　　　　　　记字 第 001 号

摘要	总账科目	明细科目	借方金额										贷方金额										√
			千	百	十	万	千	百	十	元	角	分	千	百	十	万	千	百	十	元	角	分	
辅助生产费用分摊	生产成本	辅助生产成本（供水车间）					2	7	5	0	0	0											
	生产成本	辅助生产成本（供电车间）					8	0	0	0	0												
	生产成本	基本生产成本				1	7	5	9	0	0	0											
	制造费用	基本车间				1	2	8	6	0	0	0											
	管理费用	水电费					1	5	0	0	0	0											
	生产成本	辅助生产成本（供水车间）														8	0	0	0	0	0		
		辅助生产成本（供电车间）													2	7	5	0	0	0	0		
合计					¥	3	5	5	0	0	0	0			¥	3	5	5	0	0	0	0	

财务主管：　　　　　审核：　　　　　记账：李丽　　　　　出纳：　　　　　制单：张好

记账凭证

2019 年 11 月 3 日　　　　　　　　　　　　记字 第 002 号

摘要	总账科目	明细科目	借方金额										贷方金额										√
			千	百	十	万	千	百	十	元	角	分	千	百	十	万	千	百	十	元	角	分	
辅助生产费用分摊	生产成本	辅助生产成本（供电车间）					1	0	0	0	0												
	管理费用	水电费															1	0	0	0	0	0	
合计							¥	1	0	0	0	0					¥	1	0	0	0	0	

财务主管：　　　　　审核：　　　　　记账：李丽　　　　　出纳：　　　　　制单：张好

任务演练

1. 广州光辉灯具有限责任公司有供水和供电两个辅助生产车间，这两个车间的辅助生产明细账所归集的费用分别是：供电车间 2 670 元、供水车间 2 100 元；供电车间为生产筒灯、射灯、各车间管理部门和企业行政管理部门提供 3 620 度电，其中供水车间耗电 60 度电；供水车间为生产筒灯、射灯、各车间及企业行政管理部门提供 537 吨水，其中供电车间耗用 12 吨水。供电车间和供水车间提供劳务统计表如表 5-2-1、图表 5-2-2 所示。采用直接分配法分配此项费用，并编制"辅助生产费用分配表"，如图表 5-2-3 所示。

▼图表 5-2-1▼

供电车间提供劳务统计表

2019 年 12 月

单位：度

受益部门	供水车间	生产车间		车间管理部门	行政管理部门	合计
		一车间	二车间			
劳务供应量	60	1 500	2 000	40	20	3 620

制表：　　　　　　　　　　　　　　　　审核：

▼图表 5-2-2▼

供水车间提供劳务统计表

2019 年 12 月

单位：度

受益部门	供电车间	生产车间		车间管理部门	行政管理部门	合计
		一车间	二车间			
劳务供应量	12	200	300	15	10	537

▼图表 5-2-3▼

辅助生产费用分配表（直接分配法）

2019 年 12 月

受益部门		生产成本——基本生产成本		管理费用	合计
		一车间	二车间		
供电车间	耗用量（度）				
	分配率（元/度）				
	金额（元）				
供水车间	耗用量（度）				
	分配率（元/度）				
	金额（元）				

制表：　　　　　　　　　　　　　　　　审核：

2．根据任务二演练1的资料及图表5-2-1、图表5-2-2，采用交互分配法填制辅助生产费用分配表，如图表5-2-4所示。

▼图表5-2-4▼

辅助生产费用分配表（交互分配法）

2019 年 12 月   金额单位：元

项目				交互分配			对外分配		
				供水	供电	合计	供水	供电	合计
待分配费用总额									
提供的应分配劳务总量									
费用分配率									
应借账户	辅助生产成本	供水	耗用数量						
			承担费用						
		供电	耗用数量						
			承担费用						
	分配费用合计									
	基本生产成本		耗用数量						
			承担费用						
	制造费用		耗用数量						
			承担费用						
	管理费用		耗用数量						
			承担费用						
分配费用合计									

制表：   审核：

3．供水和供电两个辅助生产车间。2019 年 12 月在分配辅助生产车间费用以前，供水车间费用 1 200 元，按供水工时分配费用，提供供水工时 500 小时，其中，供电车间 20 小时，其他车间耗用工时如图表5-2-5所示；供电车间发生费用 2 400 元，按耗用电度数分配费用，提供供电度数 20 度，其中，供水车间耗用 4 度，其他车间耗电度数如图表5-2-5所示。该企业辅助生产的制造费用不通过"制造费用"科目核算。假定供水车间每修理工时耗费 2.5 元（计划成本），供电车间每度电耗费 1.5 元（计划成本），如图表5-2-5所示。根据图表中的信息，采用计划成本法完成该辅助生产费用分配表。

▼ 图表 5-2-5 ▼

辅助生产费用分配表（计划成本法）

2019 年 12 月

数量单位：小时，度

金额单位：元

辅助生产车间名称			供水	供电	合计
待分配辅助生产费用			1 200	2 400	3 600
供应劳务数量			500	2 000	
计划单位成本			2.5	1.5	
辅助生产车间耗用	供水	耗用量		400	
		分配金额			
	供电	耗用量	20		
		分配金额			
	小计				
基本生产车间耗用	第一车间	耗用量	300	900	
		分配金额			
	第二车间	耗用量	120	400	
		分配金额			
行政部门耗用		耗用量	40	200	
		分配金额			
销售部门耗用		耗用量	20	100	
		分配金额			
按计划成本分配金额合计					
辅助生产实际成本					
辅助成本差异					

制表：   审核：

任务评价

实训目标	评分	评分标准	得分
编制辅助生产费用分配表	60	减分制，分配表中每登记错误一项扣 5 分	
正确填制辅助生产费用分配的记账凭证	25	减分制，每填制错误一张扣 5 分	
登记有关成本费用总账和明细账	15	减分制，每登记错误一个账簿扣 3 分	
合　计			

任务三　制造费用的归集与分配

一、任务引入

苦练"内功"保增长开源节流战"寒冬"——海尔推出新举措应对 2008 年席卷全球的金融危机，给中国的制造业带来巨大冲击。面对严峻的危机，海尔集团应时而变，开拓创新，探索出一条顺应时代潮流的发展道路，通过自主经营体的机制创新适应了新的发展要求。2008 年 9 月开始，集团实行了订单转型，拿到客户的需求订单后再进行生产，直发到客户，减少中间环节，实行零库存，加快资金回笼，从而提高了市场竞争力。同时在制造成本通过制造费用到"部门、责任人"的控制机制，核算论证费用的同时研究开源节流的措施，平衡费用收支。2020 中国制造，如果你是海尔员工，怎样开源节流、怎样平衡制造费用呢？

二、知识链接

知识链接 1：制造费用

制造费用是指企业为生产产品（或提供劳务）而发生的应计入产品成本但没有专设成本项目的各项间接生产费用。

知识链接 2：制造费用的归集

制造费用的归集是通过设置"制造费用"账户进行的，该账户应按不同的生产车间、部门设立不同的明细账户，账内再按照费用项目设立专栏分别反映各生产部门各项制造费用的发生情况。

知识链接 3：制造费用的分配方法

制造费用的分配方法有生产工人工时比例法（或生产工时比例法）、生产工人工资比例法（或生产工资比例法）和机器工时比例法等。其计算公式概括为：

制造费用分配率＝制造费用总额÷各产品分配标准之和（如产品生产工时总数或生产工人定额工时总数、生产工人工资总和、机器工时总数）

某种产品应分配的制造费用＝该种产品分配标准×制造费用分配率

三、岗位练兵

典型任务示例

根据图表 5-3-1 所示制造费用明细账金额和筒灯、射灯的生产工时资料按照生产工时比例法分配制造费用，其中筒灯 9 800 小时，射灯 8 264 小时。

（1）计算制造费用分配率及各产品的分配额。

制造费用分配率＝135 480÷（9 800＋8 264）＝7.5（元/小时）

筒灯应分配制造费用＝9 800×7.5＝73 500（元）

射灯应分配制造费用＝8 264×7.5＝61 980（元）

▼图表 5-3-1▼

制造费用明细账

车间名称：基本生产车间　　　　　　2019 年 12 月　　　　　　金额单位：元

摘要	机物料消耗	职工薪酬	折旧费	水电费	办公费	劳动保护费	修理费	其他支出	合计
耗用材料	47 520								47 520
分配职工薪酬		16 416							16 416
计提折旧			3 910						3 910
耗用动力				25 614					25 614
支付办公费					9 530				9 530
低值易耗品摊销						1670			1 670
分配辅助生产费用							27 000	3 820	30 820
合计	47 520	16 416	3 910	25 614	9 530	1 670	27 000	3 920	135 480

制表：李香　　　　　　审核：王梦

（2）根据上述分配结果编制制造费用分配表，如图表 5-3-2 所示。

▼图表 5-3-2▼

制造费用分配表

车间名称：基本生产车间　　　　　　2019 年 12 月　　　　　　金额单位：元

应借科目	生产工时	分配率	分配金额
基本生产成本（筒灯）	9 800	7.5	73 500
基本生产成本（射灯）	8 264	7.5	61 980
合计	18 064		135 480

制表：李香　　　　　　审核：王梦

（3）根据制造费用分配表，填制记账凭证如图表 5-3-3 所示。

▼图表 5-3-3▼

记账凭证

2019 年 12 月 3 日　　　　　　记字 第 002 号

摘要	总账科目	明细科目	借方金额	贷方金额	√
分配制造费用	基本生产成本	基本生产成本（筒灯）	7 3 5 0 0 0 0		
	基本生产成本	基本生产成本（射灯）	6 1 9 8 0 0 0		
	制造费用			1 3 5 4 8 0 0 0	
合计			￥1 3 5 4 8 0 0 0	￥1 3 5 4 8 0 0 0	

财务主管：　　审核：　　记账：李丽　　出纳：　　制单：张好

任务演练

1. 广州光辉灯具有限责任公司为制造类企业，基本生产筒灯、射灯两种产品。同时有两个辅助生产车间（供水、供电）。相关原始凭证如图表 5-3-4、图表 5-3-5、图表 5-3-6、图表 5-3-7、图表 5-3-8、图表 5-3-9、图表 5-3-10 所示。

▼**图表 5-3-4**▼

材料费用分配汇总表

2019 年 12 月 金额单位：元

| 会计科目 | 产品或部门 | 单独耗用材料费用 | 共同耗用材料费用分配 | | | | | 材料费用总额 |
			投入产量	单耗定额	定额耗用量	分配率	分配额	
基本生产成本	筒灯	160 000	200	40	8 000		40 000	200 000
	射灯	40 000	400	30	12 000		60 000	100 000
	小计	200 000			20 000	5	100 000	300 000
制造费用	基本生产车间	2 500						2 500
辅助生产成本	辅助生产车间	3 000						3 000
管理费用	企业管理部门	1 500						1 500
合计							100 000	307 000

制表：李香 审核：王梦

▼**图表 5-3-5**▼

外购动力费用分配表

2019 年 12 月 金额单位：元

| 应借科目 | | 成本或费用项目 | 直接计入 | 分配计入 | | 合计 |
				定额燃料费用	分配金额（分配率 0.85）	
基本生产成本	筒灯	燃料及动力		6 180	5 253	5 253
	射灯	燃料及动力		4 574	3 887.90	3 887.90
	小计				9 140.9	9 140.9
辅助生产成本	供水车间	燃料及动力	1 500			1 500
	供电车间	燃料及动力	5 000			5 000
	小计		6 500			6 500
制造费用	基本生产车间	水电费	1 400			1 400
管理费用		水电费	373			373
合计			8 273		9 140.9	17 413.9

制表：李香 审核：王梦

▼图表 5-3-6▼

职工薪酬费用分配表

2019 年 12 月   金额单位：元

分配对象			工资			合计
会计科目		明细科目	生产工时	分配率	金额	
生产成本	基本生产成本	筒灯	20 000	2	40 000	40 000
		射灯	30 000	2	60 000	60 000
		小计	50 000		100 000	100 000
	辅助生产成本	供水车间			3 000	3 000
制造费用	基本生产车间				10 000	10 000
管理费用					30 000	30 000
销售费用					10 000	10 000
在建工程					9 600	9 600
合计					162 600	162 600

制表：李香   审核：王梦

▼图表 5-3-7▼

低值易耗品费用分配表

2019 年 12 月   金额单位：元

会计科目		成本费用项目	直接耗用材料	共同耗用材料			合计
				原材料费用	分配率	分配费用	
基本生产成本	筒灯	低值易耗品	1 000		0.5	150	1 150
	射灯	低值易耗品			0.5	150	150
	小计						1 300
辅助生产成本	供水车间	低值易耗品	300				300
	供电车间	低值易耗品	200				200
	小计						500
制造费用	生产车间	低值易耗品	600				600
	小计						600
管理费用	管理部门	低值易耗品	200				200
	小计						200
合计							2 600

制表：李香   审核：王梦

▼图表 5-3-8▼

固定资产折旧费用分配表

2019 年 12 月　　　　　　　　　　　　　　　　金额单位：元

会计科目	部门		固定资产名称	原值	月折旧率（%）	折旧额	合计
制造费用	基本生产车间	生产车间	设备	200 000	8	1 600	1 600
			房屋	300 000	2	600	600
辅助生产成本	辅助生产车间	供水车间	设备	50 000	9	450	450
			房屋	60 000	4	240	240
		供电车间	设备	30 000	7	210	210
			房屋	40 000	3	120	120
管理费用	管理部门		设备	50 000	7	350	350
			房屋	300 000	4	1 200	1 200
合计				1 030 000		4 770	4 770

制表：李香　　　　　　　　　　　　　　　　审核：王梦

▼图表 5-3-9▼

其他费用明细表

2019 年 12 月　　　　　　　　　　　　　　　　金额单位：元

部门 ＼ 费用项目		保险费	报刊费	修理费	办公费	合计
基本生产车间		1 500	200	1 800	1 500	5 000
辅助生产车间	供电车间	600	150	750	860	2 360
	修理车间	480	120	620	2 840	4 060
行政管理部门		2 420	800	1 960	800	5 980
销售部门				2 500	6 300	8 800
合计		5 000	1 270	7 630	12 300	26 200

制表：李香　　　　　　　　　　　　　　　　审核：王梦

▼图表 5-3-10▼

辅助生产费用分配表

2019 年 12 月　　　　　　　　　　　　　　　　金额单位：元

项目		供电车间	供水车间	合计
待分配辅助生产费用		149 520	18 375	167 895
供应辅助生产以外的劳务数量		356 000（度）	5 250（吨）	
辅助生产费用分配率		0.42	3.5	
生产筒灯消耗	耗用数量	220 000	3 000	
	分配金额	92 400	10 500	102 900
生产射灯消耗	耗用数量	130 000	2 200	
	分配金额	54 600	7 700	62 300
车间管理部门消耗	耗用数量	4 200	20	
	分配金额	1 764	70	1 834
行政管理部门	耗用数量	1 800	30	
	分配金额	756	105	861

制表：李香　　　　　　　　　　　　　　　　审核：王梦

实训要求：

根据图表 5-3-4 至图表 5-3-10 以及链接知识 2，填制制造费用明细账（基本生产车间）（见图表 5-3-11），填制记账凭证并登记明细账。

▼**图表 5-3-11**▼

制造费用明细账（基本生产车间）

2019 年 12 月　　　　　　　　　　　　　金额单位：元

2019 年		凭证号	摘要	工资	折旧费	低值易耗品	机物料消耗	水电费	其他	合计	转出
月	日										
12	1		原材料费用分配表								
			低值易耗品费用分配表								
			外购动力费用分配表								
			职工薪酬分配表								
			折旧费用分配表								
			其他费用分配表								
			辅助费用分配表								
			分配转出								
12	31		本月合计								

制表：　　　　　　　　　　　　　审核：

2．广州光辉灯具有限责任公司为制造类企业，基本生产筒灯、射灯两种产品，同时有两个辅助生产车间（供水、供电）。相关原始凭证如图表 5-3-12、图表 5-3-13 所示。

▼**图表 5-3-12**▼

制造费用明细账

2019 年 12 月　　　　　　　　　　　　　金额单位：元

摘要	机物料消耗	外购动力	职工薪酬	折旧费	修理费	水电费	办公费	其他	合计	转出
购买办公用品							1 500		1 500	
职工薪酬费用分配		5 000							5 000	
机物料消耗	2 000								2 000	
折旧费用分配				1 800					1 800	
辅助生产费用分配					1 000				1 000	
外购动力分配		2 200							2 200	
本月小计	2 000	2 200	5 000	1 800		1 000	1 500		13 500	
制造费用分配转出										13 500
本月合计	2 000	2 200	5 000	1 800		1 000	1 500		13 500	13 500

制表：　　　　　　　　　　　　　审核：

▼图表 5-3-13▼

生产工时统计表

2019 年 12 月   单位：工时

产品名称	生产工时
筒灯	3 000
射灯	2 000
合计	5 000

制表：   审核：

实训要求：

根据图表 5-3-12 和图表 5-3-13 编制制造费用分配表，如图表 5-3-14 所示，填制记账凭证并登记明细账。

▼图表 5-3-14▼

制造费用分配表

2019 年 12 月   金额单位：元

借方账号			分配标准	分配率	制造费用额
总账账户	二级账户	明细账户	生产工时比例法		
合计					

制表：   审核：

3. 广州光辉灯具有限责任公司为制造类企业，基本生产筒灯、射灯两种产品。同时有两个辅助生产车间（供水、供电）。

实训要求：根据图表 5-3-12 和图表 5-3-15 编制制造费用分配表，如图表 5-3-16 所示，填制记账凭证并登记明细账。

▼图表 5-3-15▼

机器工时统计表

2019 年 12 月   单位：工时

产品名称	生产工时
筒灯	1 500
射灯	1 000
合计	2 500

制表：   审核：

制造费用分配表

2019 年 12 月　　　　　　　　　　　　　　　　　　金额单位：元

借方账号			分配标准	分配率	制造费用额
总账账户	二级账户	明细账户	机器工时		
合计					

制表：　　　　　　　　　　　　　　　　　　　审核：

4．广州光辉灯具有限责任公司为制造类企业，基本生产筒灯、射灯两种产品。同时有两个辅助生产车间（供水、供电）。

实训要求：根据图表 5-3-12 和图表 5-3-17 编制制造费用分配表，如图表 5-3-18 所示。填制记账凭证并登记明细账。

生产工人工资统计表

2019 年 12 月　　　　　　　　　　　　　　　　　　金额单位：元

项　目	工资			合计
明细科目	生产工时	分配率	金额	
筒灯	30 000	2	60 000	60 000
射灯	20 000	2	40 000	40 000
合计	50 000		100 000	100 000

制表：　　　　　　　　　　　　　　　　　　　审核：

制造费用分配表

2019 年 12 月　　　　　　　　　　　　　　　　　　金额单位：元

借方账号			分配标准	分配率	制造费用额
总账账户	二级账户	明细账户	生产工人工资比例法		
合　计					

制表：　　　　　　　　　　　　　　　　　　　审核：

任务评价

实训目标	评分	评分标准	得分
登记制造费用明细账	40	减分制，分配表中每登记错误一项扣 5 分	
正确填制制造费用记账凭证	30	减分制，每填错一张扣 5 分	
汇总制造费用总金额	30	减分制，每登记错误一个账簿扣 5 分	
合　　计			

任务四 生产费用在完工产品与在产品之间的分配

一、任务引入

某特种玻璃制品厂，主要利用平板玻璃加工生产各种型号的窗玻璃，年销售收入 775 万元，实现增值税 3 万元，税负 0.38%，明显偏低。利用税负、进项税控制、工业增加值与税收关系等评估模型分析，除税负偏低、未发现明显异常。但财务报表显示，存货 128 万元，占销售收入的 16.5%，比重较大。查阅公司账本，发现在产品期初 64 万元，期末 78 万元，是造成存货偏大的主要原因。我们要求公司提供相应的合同材料加以说明，该公司没有出具。结合该产品是订单生产，不同订单有不同的规格型号、生产要求，并且提供产品有一定的时间要求，生产周期短等特点，进行了实地核查。在车间、仓库未发现与账面余额相匹配的在产品和产成品。在事实面前，该企业承认存在发货未及时反映销售的情况。因怕引起税务局的注意，所以将未及时反映销售对应的产成品长期挂在在产品科目。大家认为该企业这样处理合理、合法吗？

二、知识链接

知识链接 1：约当产量比例法

（1）特点：将月末在产品数量按照完工程度折算为相当于完工产品的产量，即约当产量，然后将产品应负担的全部成本按照完工产品产量和月末在产品约当产量的比例分配计算完工产品成本和月末在产品成本。

（2）步骤：

第一步，确定某道工序在产品完工程度；

第二步，计算在产品约当量＝在产品数量×完工程度；

第三步，计算单位成本＝（月初在产品成本＋本月发生生产成本）÷（产成品产量＋月末在产品约当产量）；

第四步，完工产品成本＝单位成本×完工产品产量；

月末在产品成本＝单位成本×月末在产品约当产量。

【注意】做题时，需注意材料是一次投入还是陆续投入。

① 开始时一次投入，按完工产品和在产品的实际数量比例分配，不计算约当产量。

② 陆续投入，按各工序投入的材料成本在全部材料成本中所占的比例计算在产品的约当产量。

（3）适用情形：月末在产品数量较多，各月在产品数量变化也较大，且生产成本中直接材料成本和直接人工等加工成本的比重相差不大的产品。

知识链接 2：定额成本比例法

产品的生产成本在完工产品和月末在产品之间按照两者的定额耗用量或定额成本比例分配。其中直接材料成本，按直接材料的定额耗用量或定额成本比例分配。直接人工等加工成本，可以按各定额成本的比例分配，也可按定额工时比例分配。

这种方法适用于各项消耗定额或成本定额比较准确、稳定，但各月末在产品数量变动较大的产品。

计算公式如下：

材料费用分配率

＝（月初在产品实际材料成本＋本月投入的实际材料成本）÷（完工产品原材料定额耗用量或定额费用＋月末在产品原材料定额耗用量或定额费用）

完工产品应分配的直接材料费用

＝完工产品原材料定额耗用量或定额费用×分配率

月末在产品应分配的材料成本

＝月末在产品原材料定额耗用量或定额费用×材料费用分配率

人工费用分配率

＝（月初在产品人工费用＋本月投入的人工费用）÷（完工产品定额工时＋月末在产品定额工时）

完工产品应分配的人工费用＝完工产品定额工时×分配率

月末在产品应分配的人工费用＝月末在产品定额工时×分配率

知识链接3：在产品约当产量的计算

采用约当产量比例法，关键要正确计算在产品的约当产量，约当产量的计算主要是测定在产品的完工程度。

完工程度的确定。

直接人工、制造费用项目一般是在生产过程中均匀投入的，因此可以按同一加工程度计算在产品的约当产量。

加工程度的确定方法一般有两种。

1. 平均计算，即一律按 50%作为各工序在产品的完工程度。

2. 各工序分别测定完工率，即按照各工序的累计工时定额占完工产品工时定额的比率计算，其中每一工序内各件在产品的完工程度可以按平均完工 50%计算，其计算公式为

某工序在产品完工率

＝（前面各工序工时定额之和＋本工序工时定额×50%）÷产品工时定额

三、岗位练兵

🎯 **典型任务示例**

某厂大量生产的 H 产品是定型产品，有比较健全的定额资料和定额管理制度。本月完工产品 1 000 件，产品直接材料费用定额为 700 元，工时消耗定额为 90 小时。月末盘点在产品为 400 件，月末在产品的完工程度为 50%。原材料在生产开始时一次投入。

H 产品月初在产品成本和本月发生的生产费用相关凭证如图表 5-4-1、图表 5-4-2、图表 5-4-3 所示。

要求：采用定额比例法计算月末在产品和本月完工产品成本，有关计算过程如下。

（1）计算总定额。

完工产品直接材料定额费用＝1 000×700＝700 000（元）

月末在产品直接材料定额费用＝400×700＝280 000（元）

▼**图表 5-4-1**▼

H 产品月初在产品成本及本月发生生产费用

金额单位：元

摘要	直接材料	直接人工	制造费用	合计
月初在产品成本	103 000	25 000	17 000	145 000
本月发生费用	837 800	299 000	285 400	1 422 200
生产费用合计	940 800	324 000	302 400	1 567 200

制表：李香　　　　　　　　　　　　　审核：

完工产品定额工时＝1 000×90＝90 000（小时）

月末在产品定额工时＝400×50%×90＝18 000（小时）

（2）计算费用分配率。

直接材料分配率＝（103 000＋837 800）÷（700 000＋280 000）＝0.96

直接人工分配率＝（25 000＋299 000）÷（90 000＋18 000）＝3（元/小时）

制造费用分配率＝（17 000＋285 400）÷（90 000＋18 000）＝2.8（元/小时）

（3）计算月末在产品成本和本月完工产品成本。

① 计算月末在产品成本。

直接材料＝280 000×0.96＝268 800（元）

直接人工＝18 000×3＝54 000（元）

制造费用＝18 000×2.8＝50 400（元）

月末在产品总成本＝268 800＋54 000＋50 400＝373 200（元）

② 计算本月完工产品成本。

直接材料＝700 000×0.96＝672 000（元）

直接人工＝90 000×3＝270 000（元）

制造费用＝90 000×2.8＝252 000（元）

本月完工产品总成本＝672 000＋270 000＋252 000 ＝1 194 000（元）

▼**图表 5-4-2**▼

记账凭证

2019 年 11 月 30 日　　　　　　　　　　　记字 第 003 号

摘要	总账科目	明细科目	借方金额										贷方金额										√
			千	百	十	万	千	百	十	元	角	分	千	百	十	万	千	百	十	元	角	分	
结转完工产品成本	库存商品	H 产品			1	1	9	4	0	0	0												
	生产成本	基本生产成本（H 产品）													1	1	9	4	0	0	0		
合计			¥	1	1	9	4	0	0	0			¥	1	1	9	4	0	0	0			

财务主管：　　　　审核：　　　　记账：李丽　　　　出纳：　　　　制单：张红

▼图表 5-4-3▼

产品成本计算单

生产单位：　　　　　　　2019 年 11 月　　　　　产品：H 产品　　　　　金额单位：元

摘要		直接材料	直接人工	制造费用	合计
月初在产品成本		103 000	25 000	17 000	145 000
本月发生费用		837 800	299 000	285 400	1 422 200
生产费用合计		940 800	324 000	302 400	1 567 200
总定额	完工产品	700 000	90 000	90 000	—
	月末在产品	280 000	18 000	18 000	—
费用分配率		0.96	3	2.8	—
完工产品实际总成本		672 000	270 000	252 000	1 194 000
月末在产品实际总成本		268 800	5 400	50 400	373 200

制表：李香　　　　　　　　　　　　审核：

任务演练

1. 广州光辉灯具有限责任公司的筒灯在生产过程中需要顺序经过三道加工工序，原材料分次在每道工序生产开始时投入，各工序在产品在本工序的完工程度为 50%。该产品单位产品原材料消耗定额为 1 000kg；其中第一工序为 700kg，第二工序为 200kg，第三工序为 100kg，单位产品工时消耗定额为 100 小时，其中第一工序为 40 小时，第二工序为 40 小时，第三工序为 20 小时。本月月末盘存筒灯在产品共 500 件，其中第一工序 200 件，第二工序为 200 件，第三工序为 100 件。

要求：根据资料分成本项目计算筒灯月末在产品约当产量，并填入图表 5-4-4 中。

▼图表 5-4-4▼

工序	月末在产品数量	直接材料项目			加工费用项目		
		投料定额	投料程度	约当产量	工时定额	完工程度	约当产量
1							
2							
3							
合计							

制表：　　　　　　　　　　　　审核：

2. 广州光辉灯具有限责任公司生产筒灯单位工时定额为 20 小时，需要经过三道工序才能制作完成。第一工序工时定额为 4 小时，第二工序工时定额为 8 小时，第三工序定额为 8 小时。各工序内各件在产品完工程度均按 50% 计算。筒灯本月完工 200 件，第一工序在产品 20 件；第二工序在产品 40 件，第三工序在产品为 60 件。月初加本月发生的生产费用为：原材料费用 16 000 元（原材料在生产开始时一次投料），工资和福利费用 7 980 元，制造费用为 8 512 元。根据各工序月末在产品的数量和各工序的完工程度，计算完工产品与月末在产品费用分别为多少？

实训要求：

根据上述资料填制加工费约当产量计算表图表 5-4-5、产品成本计算单图表 5-4-6，填制记账凭证并登记有关成本费用总账和明细账。

▼图表 5-4-5▼

加工费约当产量计算表

2019 年 12 月　　　　　　　　　　　　　产品名称：筒灯

工序	工时定额	完工率	在产品数量		完工产品产量	约当产量
			结存量	约当产量		
1					—	—
2					—	—
3					—	—
合计						

制表：　　　　　　　　　　　　审核：

▼图表 5-4-6▼

产品成本计算单

2019 年 12 月　　　　　　　　　　　　　产品名称：筒灯

项目	直接材料（元）	直接人工（元）	制造费用（元）	合计（元）
本月生产费用合计				
约当产量合计				—
单位成本				
完工产品成本				
月末在产品成本				

制表：　　　　　　　　　　　　审核：

3．根据定额及产量图表 5-4-7、生产费用图表 5-4-8 填制产品成本计算单图表 5-4-9。

▼图表 5-4-7▼

定额及产量

2019 年 12 月　　　　　　　　　　　　　产品名称：筒灯

摘要	直接材料（元）	直接人工（小时）	制造费用（小时）	合计
单位完工产品定额	60	40	40	—
月末在产品定额	50	30	30	—
完工产品产量（件）	—	—	—	500
月末在产品产量（件）	—	—	—	200

制表：　　　　　　　　　　　　审核：

▼图表 5-4-8▼

生产费用

2019 年 12 月　　　　　　　　　　　　　产品名称：筒灯

摘要	直接材料（元）	直接人工（元）	制造费用（元）	合计（元）
月初在产品成本	15 000	8 000	7 000	30 000
本月生产费用	80 000	37 500	30700	148 200
本月生产费用合计	95 000	45 500	37 700	178 200

制表：　　　　　　　　　　　　审核：

产品成本计算单

产品名称：筒灯　　　　　　　　　　2019 年 12 月　　　　　　　　　　单位：元

成本项目		直接材料（元）	直接人工（元）	制造费用（元）	合计（元）
月初在产品费用					
本月生产费用					
生产费用合计					
分配率					
完工产品	定额工时（小时）				
	实际成本				
月末在产品	定额工时（小时）				
	实际成本				

制表：　　　　　　　　　　　　　　审核：

4．在产品数量及定额资料和生产费用资料如图表 5-4-10、图表 5-4-11 所示。

在产品数量及定额资料

2019 年 12 月

工序	在产品数量（件）	工时定额（小时）
1	100	20
2	200	10
3	100	10

制表：　　　　　　　　　　　　　　审核：

射灯的直接材料在生产开工时一次投入，正在加工中在产品完工程度均按照 50%计算；单件射灯定额材料成本为 100 元，直接人工为 2 元/小时，制造费用为 3 元/小时。

生产费用资料

2019 年 12 月　　　　　　　　　　单位：元

摘要	直接材料（元）	直接人工（元）	制造费用（元）	合计（元）
月初在产品成本	2 000	5 000	3 500	10 500
本月生产费用	40 000	15 000	26 000	81 000
本月生产费用合计	42 000	20 000	29 500	91 500

制表：　　　　　　　　　　　　　　审核：

实训要求：根据图表 5-4-10 及图表 5-4-11 填制在产品定额成本计算单和产品成本计算单，如图表 5-4-12、图表 5-4-13 所示，同时填写相关会计凭证。

▼**图表 5-4-12**▼

在产品定额成本计算单

产品：射灯   2019 年 12 月   单位：元

工序	月末在产品数量	直接材料		在产品累计工时定额	在产品定额工时	直接人工（2 元/小时）	制造费用（3 元/小时）	定额成本合计
		费用定额	定额费用					
1								
2								
3								
合计								

制表：   审核：

▼**图表 5-4-13**▼

产品成本计算单

产品名称：射灯   2019 年 12 月   单位：元

摘要	直接材料	直接人工	制造费用	合计
月初在产品成本				
本月生产费用				
生产费用合计				
月末在产品定额成本				
完工产品成本				

C 任务评价

实训目标	评分	评分标准	得分
编制筒灯月末在产品约当产量表	20	减分制，每登记错误一项扣 2 分	
编制加工费约当产量计算表	20	减分制，每错一处扣 2 分	
编制产品成本计算表	30	减分制，每错一处扣 2 分	
填制记账凭证	15	减分制，每错一张扣 2 分	
登记各明细账	15	减分制，每错一处扣 2 分	
合　　计			

项目六

财务成果岗位核算

 **项目导读**

　　财务成果是指企业在一定时期内全部生产经营活动的成果，即所谓损益，又称利润或亏损。它是企业经营期内所实现的收入总额扣除所有支出后的差额，差额大于零为利润，小于零为亏损。财务成果的确认涉及日常经营活动中取得的收入、发生的成本费用，以及日常经营活动以外发生的营业外收支、所得税费用等。财务成果会计岗位核算是核算企业销售收入、成本、费用、营业外收支和利润实现情况，计算和缴纳企业所得税，并进行利润分配等账务处理的会计岗位。

职业能力目标

　　1. 能够根据收入的确认条件，填制收入记账凭证，登记收入明细账。
　　2. 能够在没有教师的指导下，根据费用的定义，独立审核费用原始凭证，对费用作出正确的账务处理。
　　3. 能够结转期末收入与费用，核算本年利润。
　　4. 能够编制所得税费用、本年净利润、盈余公积及股利分配计算表。
　　5. 能够填写支票、产品出库单，开具增值税发票。

任务一　收入的确认与核算

一、任务引入

　　某 LED 灯具公司急聘财务成果岗位的会计人员一名，小美为广东某技师学院会计专业的应届毕业生，前往该企业应聘，财务主管对她进行面试，问她对于企业违约金的收取应如何进行账务处理？她回答说这是利得不是收入，应作营业外收入处理。你认为她回答的对吗？她能应聘成功吗？

二、知识链接

链接 1：收入可分为狭义收入和广义收入

狭义收入指营业收入，是企业在日常活动中所形成的、会导致所有者权益增加的、与所有者投入资本无关的经济利益的总流入。收入的分类：收入按其性质不同，可以分为销售商品收入、提供劳务收入、让渡资产使用权收入等；广义收入指狭义收入加上营业外的收入。

链接 2：营业收入的确认条件

（1）企业已将商品所有权相关的主要风险和报酬转移给购买方。

（2）企业对已售出的商品既没有保留通常与所有权相联系的继续管理权，也没有实施有效控制。

（3）收入的金额能够可靠地计量。

（4）已发生或将发生的销售成本能够可靠计量。

三、岗位练兵

典型任务示例

2019 年 11 月 3 日广州光辉灯具有限责任公司向广州市华联有限责任公司销售筒灯和射灯，有关原始凭证如图表 6-1-1、图表 6-1-2、图表 6-1-3 所示。

▼图表 6-1-1▼

发货单

购货单位：广州市华联有限责任公司　　　　　　　　　单据编号：
纳税人识别号：914401025135719200　　　　　　地址和电话：广州市越秀区德政北路 122 号
开户银行及账号：中国工商银行越秀办 0332025781665521344　　制单日期：2019 年 11 月 3 日

产品名称	计量单位	数量	单价（元）	金额（元）	备注
筒灯	箱	15	800.00	12 000.00	不含税价
射灯	箱	20	1 000.00	20 000.00	不含税价
合计	人民币（大写）叁万贰仟元整			¥32 000.00	

总经理：　　　　销售经理：　　　　　经手人：刘丹　　　　签收人：王一

▼图表 6-1-2▼

4400142140 　　　广东增值税专用发票　　　No. 0000xx

记账联

开票日期：2019 年 11 月 3 日

购买方	名　　称：广州市华联有限责任公司 纳税人识别号：914401025135719200 地　址、电 话：广州市越秀区德政北路 122 号 开户行及账号：中国工商银行越秀办 　　　　　　0332025781665521344	密码区	略

货物或应税劳务、服务名称	规格型号	单位	数量	单价	金额	税率	税额
*筒灯	40 个/箱	箱	15	800.00	12 000.00	13%	1 560.00
*射灯	40 个/箱	箱	20	1000.00	20 000.00	13%	2 600.00
合　　　计					¥32 000.00		¥4 160 .00

价税合计（大写）	⊗叁万陆仟壹佰陆拾元整	（小写）¥36 160.00

销售方	名　　称：广州光辉灯具有限责任公司 纳税人识别号：914401012325612199 地　址、电 话：广州市海珠区江南大道中 50 号 　　　　　　020- 84541245 884532145 开户行及账号：中国工商银行广州江南大道中支行 　　　　　　0124036184231234567	备注	

收款人：　　　　复核：　　　　　　　开票人：张海萍　　　　销售方：（章）

第一联：记账联　销售方记账凭证

▼图表 6-1-3▼

托收凭证（收账通知）4

委托日期：2019 年 11 月 3 日

业务类型	委托收款（□邮划、√□电划）托收承付（□邮划、□电划）																		
付款人	全称	广州市华联有限责任公司			收款人	全称	广州光辉灯具有限责任公司											
	账号	0332025781665521344				账号	0124036184231234567											
	地址	广东省	广州市	开户行	中国工商银行越秀办		地址	广东省	广州市	开户行	中国工商银行广州江南大道中支行								

金额	人民币 （大写）叁万陆仟壹佰陆拾元整	亿	千	百	十	万	千	百	十	元	角	分
					¥	3	6	1	6	0	0	0

款项内容	购货款	托收凭据名称	购销合同 A31	附寄单证张数	3
商品发运情况	已发运			合同名称号码	A30

备注：	款项收妥日期	中国工商银行 广州江南大道中支行 2019.11.03 收款人开户银行签章
复核：　记账：	年　月　日	年　月　日

此联作收款人开户银行给作收账通知

步骤 1：审核原始凭证。

步骤 2：编制记账凭证。

记账凭证

2019 年 11 月 3 日 　　　　　　　　　　　　　　记字 第 001 号

摘要	总账科目	明细科目	借方金额										贷方金额										√
			千	百	十	万	千	百	十	元	角	分	千	百	十	万	千	百	十	元	角	分	
销售产品	银行存款				3	6	1	6	0	0	0												
	主营业务收入	筒灯													1	2	0	0	0	0	0	
	主营业务收入	射灯													2	0	0	0	0	0	0	
	应交税费	应交增值税（销项税额）														4	1	6	0	0	0	
合计			¥	3	6	1	6	0	0	0			¥	3	6	1	6	0	0	0	0	

财务主管：　　　　审核：　　　　记账：　　　　出纳：　　　　制单：李咏

步骤 3：登记收入明细账。

明细分类账（三栏式）

会计科目：主营业务收入——筒灯

2019 年		凭证		摘要	√	借方										贷方										借或贷	余额									
月	日	种类	号数			千	百	十	万	千	百	十	元	角	分	千	百	十	万	千	百	十	元	角	分		千	百	十	万	千	百	十	元	角	分
11	1			承前页																						平									θ	
11	3	记	001	销售产品															1	2	0	0	0	0	0	贷				1	2	0	0	0	0	0

明细分类账（三栏式）

会计科目：主营业务收入——射灯

2019 年		凭证		摘要	√	借方										贷方										借或贷	余额									
月	日	种类	号数			千	百	十	万	千	百	十	元	角	分	千	百	十	万	千	百	十	元	角	分		千	百	十	万	千	百	十	元	角	分
11	1			承前页																						平									θ	
11	3	记	001	销售产品															2	0	0	0	0	0	0	贷				2	0	0	0	0	0	0

备注：该收入类账户也可采用多栏式账簿登记。

任务演练

1. 12月5日，广州光辉灯具有限责任公司销售给顺德灯饰有限责任公司筒灯80箱、射灯60箱，收到一张商业承兑汇票，如图表6-1-4所示。请根据题意填制相关原始凭证如图表6-1-5、图表6-1-6所示。

▼图表6-1-4▼

商业承兑汇票　1

出票日期：贰零壹玖年壹拾贰月零伍日　　　　　　　　　　　　　　　　汇票号码：1192

（大写）

付款人	全　称	顺德灯饰有限责任公司	收款人	全　称	广州光辉灯具有限责任公司										
	账　号	01810164582212633185		账　号	0124036184231234567										
	开户银行	中国工商银行顺德市大良办		开户银行	中国工商银行广州江南大道中支行										
出票金额		人民币 （大写）壹拾肆万零壹佰贰拾元整			亿	千	百	十	万	千	百	十	元	角	元
							¥	1	4	0	1	2	0	0	0
汇票到期日 （大写）		贰零贰零年零叁月零伍日	付款人开户行	行号	018-1016-4582126										
交易合同号		141230		地址	中国工商银行顺德市大良办										

本汇票已经承兑，到期无条件支付票款。

承兑人签章　〔红何印子〕

承兑日期　2020 年 03 月 05 日

本汇票请予以承兑到期日付款。

出票人签章　〔红何印子〕

▼图表6-1-5▼

发货单

购货单位：　　　　　　　　　　　　　　单据编号：

纳税人识别号：　　　　　　　　　　　　地址和电话：

开户银行及账号：　　　　　　　　　　　制单日期：

产品名称	计量单位	数量	单价（元）	金额（元）	备注
合计	人民币（大写）				

总经理：　　　　　　销售经理：　　　　　　经手人：　　　　　　签收人：

▼图表 6-1-6▼

4400142140　　　　No.0000xx

记账联

						开票日期：　年　月　日		

购买方	名　　　称： 纳税人识别号： 地 址、电 话： 开户行及账号：				密码区	略	

货物或应税劳务、服务名称	规格型号	单位	数量	单价	金额	税率	税额
合　　　计							
价税合计（大写）			（小写）				

销售方	名　　　称： 纳税人识别号： 地 址、电 话： 开户行及账号：				备注	

收款人：　　　　复核：　　　　开票人：　　　　销售方：（章）

第一联：记账联　销售方记账凭证

2．12 月 12 日，广州光辉灯具有限责任公司销售给汕头市华新有限责任公司筒灯 50 箱、射灯 100 箱，代垫运费 1 090 元，采用托收承付结算方式。请根据题意填制相关原始凭证如图表 6-1-7、图表 6-1-8、图表 6-1-9、图表 6-1-10、图表 6-1-11 和图表 6-1-12 所示。

▼图表 6-1-7▼

发货单

购货单位：　　　　　　　　　　　　单据编号：

纳税人识别号：　　　　　　　　　　地址和电话：

开户银行及账号：　　　　　　　　　制单日期：

产品名称	计量单位	数量	单价（元）	金额（元）	备注
合计		人民币（大写）			

总经理：　　　　销售经理：　　　　经手人：　　　　签收人：

▼图表 6-1-8▼

4400142140　　广东增值税专用发票　　No. 0000xx

开票日期：　年　月　日

购买方	名　　　称：					密码区		略		
	纳税人识别号：									
	地址、电话：									
	开户行及账号：									
货物或应税劳务、服务名称	规格型号	单位	数量	单价		金额	税率	税额		
合　计										
价税合计（大写）						（小写）				
销售方	名　　　称：					备注				
	纳税人识别号：									
	地址、电话：									
	开户行及账号：									

第一联：记账联　销售方记账凭证

收款人：　　　复核：　　　开票人：　　　销售方：（章）

▼图表 6-1-9▼

中国工商银行 支票存根　XVI46927455

中国工商银行 支票　XVI46927455

出票日期（大写）　年　月　日　付款行名称：工行江南大道中支行

收款人：　　出票人账号：01 24 03 61 84 23 12 34 56 7

附加信息

人民币（大写）　　　亿千百十万千百十元角分

本支票付款期限十天

出票日期　年月日

收款人：

金额：

用途：

用途：

上列款项请从我账户内支付

单位主管　会计

出票人盖章　　　复核　记帐

▼图表 6-1-10▼

托收承付凭证（回单）1

委托日期：　　年　　月　　日

付款人	全称		收款人	全称								
	账号			账号								
	开户银行			开户银行			行号					

委收金额	人民币（大写）		亿	千	百	十	万	千	百	十	元	角	分

款项内容		托收凭据名称		附寄单证张数	

商品发运情况		合同名称号码	

备注：　验单付款	款项收妥日期　　　年　月　日	
		收款人开户银行签章　　　年 月 日

复核：　　记账：

备注：货款未收到。

▼图表 6-1-11▼

4400142140　广东增值税专用发票　No. 0000xx

此联不作报销，扣税凭证使用

开票日期：2019 年 12 月 12 日

购买方	名　　　称：汕头市华新有限责任公司	密码区	略
	纳税人识别号：9144050056083495633		
	地址、电话：汕头市太平路 15 号 0754-86236479		
	开户行及账号：中国银行太平路办 001510188283		

货物或应税劳务、服务名称	规格型号	单位	数量	单价	金额	税率	税额
*运输费					1 000.00	9%	90.00
合　　　计					¥1 000.00		¥90.00

价税合计（大写）	⊗壹仟零玖拾元整	（小写）¥1 090.00

销售方	名　　　称：广州顺风运输有限公司	备注	运输站：广州——汕头 运输货物：LED 灯具 150 箱
	纳税人识别号：91440104289 7801200		
	地址、电话：广州市白云区黄石路 2 号 020-8906113		
	开户行及账号：中国工商银行黄石路办 053647951232		

收款人：杨小龙　　　复核：曾珍　　　开票人：李立三　　　销售方：（章）

第一联：记账联　销售方记账凭证

▼图表 6-1-12▼

4400142140　　广东增值税专用发票　　No. 0000xx

抵扣联

开票日期：2019 年 12 月 12 日

购买方	名　　　称：汕头市华新有限责任公司 纳税人识别号：9144050056083495633 地址、电话：汕头市太平路 15 号 0754-86236479 开户行及账号：中国银行太平路办 001510188283	密码区	略

货物或应税劳务、服务名称	规格型号	单位	数量	单价	金额	税率	税额
*运输费					1 000.00	9%	90.00
合　　计					¥1 000.00		¥90.00

价税合计（大写）	⊗壹仟零玖拾元整	（小写）¥1 090.00

销售方	名　　　称：广州顺风运输有限公司 纳税人识别号：914401042897801200 地址、电话：广州市白云区黄石路 2 号 020-8906113 开户行及账号：中国工商银行黄石路办 053647951232	备注	运输站：广州——汕头 运输货物：LED 灯具　150 箱 （广州顺风运输有限公司 914401042897801200 发票专用章）

收款人：杨小龙　　复核：曾珍　　开票人：李立三　　　　销售方：（章）

右侧竖排：第二联：抵扣联　购买方扣税凭证

3. 12 月 18 日，广州光辉灯具有限责任公司向珠海家乐福商场销售筒灯 60 箱、射灯 50 箱。收到银行收账通知，如图表 6-1-13 所示。请填制相关原始凭证如图表 6-1-14、图表 6-1-15 所示。

▼图表 6-1-13▼

中国工商银行进账单（收账通知）3

2019 年 12 月 18 日

收款人	全　称	广州光辉灯具有限责任公司	付款人	全　称	珠海家乐福商场
	账　号	0124036184231234567		账　号	112309332118
	开户银行	中国工商银行广州江南大道中支行		开户银行	中国银行沿江路办

金额	人民币 （大写）⊗壹拾壹万零柒佰肆拾元整	亿	千	百	十	万	千	百	十	元	角	分
				¥	1	1	0	7	4	0	0	0

票据种类	转支	票据张数	1	（中国工商银行 广州江南大道中支行 2018.12.18 转讫）

复核：　　　　记账：　　　　　　　　　开户银行盖章

右侧竖排：此联是开户银行交给持票人的收账通知

▼图表 6-1-14▼

4400142140　　广东增值税专用发票　　No. 0000xx

记账联

开票日期：　　年　月　日

购买方	名　　称：		密码区	略	
	纳税人识别号：				
	地　址、电话：				
	开户行及账号：				

货物或应税劳务、服务名称	规格型号	单位	数量	单价	金额	税率	税额
合　　计							

价税合计（大写）	⊗			（小写）			

销售方	名　　称：		备注	
	纳税人识别号：			
	地　址、电话：			
	开户行及账号：			

收款人：　　　　　复核：　　　　　开票人：　　　　　　　　销售方：（章）

第一联：记账联　销售方记账凭证

▼图表 6-1-15▼

发货单

购货单位：　　　　　　　　　　　　单据编号：

纳税人识别号：　　　　　　　　　　地址和电话：

开户银行及账号：　　　　　　　　　制单日期：

产品名称	计量单位	数量	单价	金额	备注
合计		人民币（大写）			

总经理：　　　　　销售经理：　　　　　经手人：　　　　　签收人：

　　4.12 月 21 日,广州光辉灯具有限责任公司向广州星艺装饰有限公司销售材料一批(灯珠、筒灯外壳、射灯外壳、铝合金各 20 箱)收到收款回单,如图表 6-1-16 所示。请填制相关原始凭证如图表 6-1-17、图表 6-1-18 所示。

▼图表 6-1-16▼

电子汇划收款回单

2019 年 12 月 21 日　　　　　　　　　　流水号：00896554790

付款人	全称	广州星艺装饰有限公司	收款人	全称	广州光辉灯具有限责任公司
	账号	014203158331		账号	0124036184231234567
	开户行	中国银行黄石路办		开户行	中国工商银行广州江南大道中支行
金额		（大写）⊗壹万贰仟肆佰叁拾元整			¥12 430.00
用途			材料款		

备注：

汇划日期：2019 年 12 月 18 日　　　　　汇划流水号：118652

汇出行行号：108724100095　　　　　　原凭证种类：

原凭证号码：　　　　　　　　　　　　原凭证金额：0.00

汇款人地址：

收款人地址：

实际收款人账号：012403618423123456

实际收款人名称：广州光辉灯具有限责任公司

中国工商银行
广州江南大道中支行
2019.12.21
转讫

银行盖章

▼图表 6-1-17▼

发货单

购货单位：　　　　　　　　　　　　单据编号：

纳税人识别号：　　　　　　　　　　地址和电话：

开户银行及账号：　　　　　　　　　制单日期：

产品名称	计量单位	数量	单价（元）	金额（元）	备注
合计	人民币（大写）				

总经理：　　　　　销售经理：　　　　　经手人：　　　　　签收人：

▼图表 6-1-18▼

4400142140　　广东增值税专用发票　　No. 0000xx

发票联

						开票日期：　年　月　日			

购买方	名　　　称：					密码区			
	纳税人识别号：						略		
	地址、电话：								
	开户行及账号：								

货物或应税劳务、服务名称	规格型号	单位	数量	单价	金额	税率	税额
合　计							

价税合计（大写）	⊗				（小写）		

销售方	名　　　称：					备注	
	纳税人识别号：						
	地址、电话：						
	开户行及账号：						

收款人：　　　　　复核：　　　　　开票人：　　　　　销售方：（章）

第二联：发票联　购买方记账凭证

5．12 月 26 日，广州光辉灯具有限责任公司取得违约金收入。相关原始凭证如图表 6-1-19 所示。

▼图表 6-1-19▼

中国工商银行电汇凭证（收账通知）3

√□普通□加急　　　　委托日期：2019 年 12 月 26 日

汇款人	全称	韶关宝冠贸易有限公司	收款人	全称	广州光辉灯具有限责任公司												
	账号	075123649335		账号	0124036184231234567												
	汇出地点	广东省韶关市浈江区		汇入地点	广东省广州市海珠区												
汇出行名称		中国银行韶关中山路支行	汇入行名称		中国工商银行广州江南大道中支行												
金额	人民币（大写）⊗肆仟叁佰元整					亿	千	百	十	万	千	百	十	元	角	分
											¥	4	3	0	0	0	0
			支付密码													
					附加信息及用途：支付违约金											

此联是汇出行给汇款人的收账通知

中国工商银行
广州江南大道中支行
2019.11.03
转讫

汇出行签章　　　　　　　　复核记账

6．12 月 28 日，广州光辉灯具有限责任公司向顺德灯饰有限责任公司销售筒灯 30 箱、射灯 40 箱，同时支付运费 545 元。取得和需要填制的相关原始凭证如图表 6-1-20、图表 6-1-21、图表 6-1-22、图表 6-1-23、图表 6-1-24 和图表 6-1-25 所示。

▼图表 6-1-20▼

托收凭证（收账通知）4

委托日期：2019 年 12 月 28 日

业务类型		委托收款（□邮划、□电划）托收承付（□邮划、√□电划）											
付款人	全称	顺德灯饰有限责任公司	收款人	全称	广州光辉灯具有限责任公司								
	账号	0181016458212633185		账号	0124036184231234567								
	地址	广东省 顺德市 开户行 中国银行顺德大良办		地址	广东省 广州市 开户行 中国工商银行广州江南大道中支行								
金额		人民币（大写）⊗柒万贰仟叁佰贰拾元整	亿	千	百	十	万	千	百	十	元	角	分
							¥ 7	2	3	2	0	0	0
款项内容	购货款	托收凭据名称 购销合同 A40	附寄单证张数	3									
商品发运情况		已发运	合同名称号码	A38									
备注：		款项收妥日期 2019.12.28											
复核： 记账：		年 月 日											

中国工商银行广州江南大道中支行 2019.12.28 收款人开户银行签章 年 月 日

此联作收款人开户银行给收款人的收账通知

▼图表 6-1-21▼

发货单

购货单位：　　　　　　　　　　单据编号：
纳税人识别号：　　　　　　　　地址和电话：
开户银行及账号：　　　　　　　制单日期：

产品名称	计量单位	数量	单价（元）	金额（元）	备注
合计	人民币（大写）				

总经理：　　　　销售经理：　　　　经手人：　　　　签收人：

▼图表 6-1-22▼

4400142140　　广东增值税专用发票　　No. 0000xx

记账联

开票日期：　　年　月　日

购买方	名　　　称： 纳税人识别号： 地　址、电　话： 开户行及账号：				密码区		略			
货物或应税劳务、服务名称	规格型号	单位	数量	单价		金额	税率		税额
合　　　计									
价税合计（大写）　⊗							（小写）		
销售方	名　　　称： 纳税人识别号： 地　址、电　话： 开户行及账号：				备注					

收款人：　　　　复核：　　　　开票人：　　　　　　销售方：（章）

第一联：记账联　销售方记账凭证

▼图表 6-1-23▼

中国工商银行 支票存根 XVI46927455 附加信息 出票日期　年　月　日 收款人： 金额： 用途： 单位主管　　会计	中国工商银行　支票　　　XVI46927455 出票日期（大写）　年　月　日　付款行名称：工行江南大道中支行 收款人：　　　　　出票人账号：01 24 03 61 84 23 12 34 56 7 人民币（大写）　　　　　亿千百十万千百十元角分 用途： 上列款项请从我账户内支付 出票人盖章　　　　　复核　　记账

▼图表 6-1-24▼

4400142140　　　　No. 0000xx

此联不作报销、扣税凭证使用

开票日期：2019 年 12 月 12 日

<table>
<tr><td rowspan="4">购买方</td><td>名　　　称：顺德灯饰有限责任公司</td><td rowspan="4">密码区</td><td rowspan="4">略</td></tr>
<tr><td>纳税人识别号：914406070013156722</td></tr>
<tr><td>地址、电话：顺德大良东康路 121 号　0757-22336470</td></tr>
<tr><td>开户行及账号：中国工商银行大良办
0181016458212633185</td></tr>
</table>

货物或应税劳务、服务名称	规格型号	单位	数量	单价	金额	税率	税额
*运输费					500.00	9%	45.00
合　　　计					¥500.00		¥45.00

价税合计（大写）	⊗伍佰肆拾伍元整	（小写）¥545.00

<table>
<tr><td rowspan="4">销售方</td><td>名　　　称：广州顺风运输有限公司</td><td rowspan="4">备注</td><td>运输站：广州——顺德</td></tr>
<tr><td>纳税人识别号：914401042897801200</td><td rowspan="3">运输货物：LED 灯具　70 箱
914401042897801200
发票专用章</td></tr>
<tr><td>地址、电话：广州市白云区黄石路 2 号　020-8906113</td></tr>
<tr><td>开户行及账号：中国工商银行黄石路办
053647951232</td></tr>
</table>

收款人：杨小龙　　　复核：曾珍　　　开票人：李立三　　　销售方：（章）

第一联：记账联　销售方记账凭证

▼图表 6-1-25▼

4400142140　　　　No. 0000xx

开票日期：2019 年 12 月 12 日

<table>
<tr><td rowspan="4">购买方</td><td>名　　　称：顺德灯饰有限责任公司</td><td rowspan="4">密码区</td><td rowspan="4">略</td></tr>
<tr><td>纳税人识别号：914406070013156722</td></tr>
<tr><td>地址、电话：顺德大良东康路 121 号　0757-22336470</td></tr>
<tr><td>开户行及账号：中国工商银行大良办
0181016458212633185</td></tr>
</table>

货物或应税劳务、服务名称	规格型号	单位	数量	单价	金额	税率	税额
*运输费					500.00	9%	45.00
合　　　计					¥500.00		¥45.00

价税合计（大写）	⊗伍佰肆拾伍元整	（小写）¥545.00

<table>
<tr><td rowspan="4">销售方</td><td>名　　　称：广州顺风运输有限公司</td><td rowspan="4">备注</td><td>运输站：广州——顺德</td></tr>
<tr><td>纳税人识别号：914401042897801200</td><td rowspan="3">运输货物：LED 灯具　70 箱
914401042897801200
发票专用章</td></tr>
<tr><td>地址、电话：广州市白云区黄石路 2 号　020-8906113</td></tr>
<tr><td>开户行及账号：中国工商银行黄石路办
053647951232</td></tr>
</table>

收款人：杨小龙　　　复核：曾珍　　　开票人：李立三　　　销售方：（章）

第三联：抵扣联　购买方扣税凭证

7. 12 月 29 日，转让一项专利权给珠海市宏信有限公司，取得转让收入 159 000 元。相关原始凭证如图表 6-1-26、图表 6-1-27 所示，请填写图表 6-1-28 和图表 6-1-29。

▼图表 6-1-26▼

电子汇划收款回单

2019 年 12 月 29 日   流水号：00896554790

付款人	全称	珠海市宏信有限公司	收款人	全称	广州光辉灯具有限责任公司
	账号	112360268908		账号	0124036184231234567
	开户行	中国银行珠海香洲安宁路办		开户行	中国工商银行广州江南大道中支行
金额		（大写）⊗壹拾伍万玖仟元整			¥159 000.00
用途		转让专利收入款			

备注：

汇划日期：2019 年 12 月 29 日   汇划流水号：119721

原凭证号码：   原凭证金额：0.00

汇款人地址：

收款人地址：

实际收款人账号：0124036184231234567

实际收款人名称：广州光辉灯具有限责任公司   银行盖章

▼图表 6-1-27▼

无形资产转让拨出单

2019 年 12 月 29 日

受让单位：珠海市宏信有限公司   转让单位：广州光辉灯具有限责任公司   单位：元

名称	单位	数量	原值	已摊销额	账面净值	评估确认价值
专利权	项	1	219 000	119 000	100 000	150 000
合计				¥119 000	¥100 000	¥150 000

转出单位主管：   制单：白丽

▼图表 6-1-28▼

无形资产转让税费计算表

2019 年 12 月 29 日

名称	转让价值	税率	应交增值税	备注
合计				

制单：白丽

备注：转让无形资产的增值税税率为 6%

▼图表 6-1-29▼

| 4400142140 | 广东增值税专用发票 | No. 0000xx |

记账联

开票日期：2019 年 12 月 29 日

购买方	名　　称：珠海市宏信有限公司 纳税人识别号：914404542126655138 地址、电话：珠海市香洲区安宁路 88 号 0756-8656743 开户行及账号：中国银行安宁路办 112360268908	密码区	略

货物或应税劳务、服务名称	规格型号	单位	数量	单价	金额	税率	税额
合　　计							
价税合计（大写）			（小写）				

销售方	名　　称： 纳税人识别号： 地址、电话： 开户行及账号：	备注	

收款人：　　　　复核：　　　　开票人：张海萍　　　　销售方：（章）

第一联：记账联　销售方记账凭证

8．12 月 30 日，广州光辉灯具有限责任公司出租房屋，取得本月房屋租金 8 720 元。相关原始凭证如图表 6-1-30、图表 6-1-31 所示。

▼图表 6-1-30▼

中国工商银行进账单（收账通知）3

2019 年 12 月 30 日

收款人	全　称	广州光辉灯具有限责任公司	付款人	全　称	广州永利食品有限公司
	账　号	0124036184231234567		账　号	041123135612
	开户银行	中国工商银行广州江南大道中支行		开户银行	中国银行东山路办

金额	人民币 （大写）⊗捌仟柒佰贰元整	亿	千	百	十	万	千	百	十	元	角	分
						¥	8	7	2	0	0	0

票据种类	转支	票据张数	1

开户银行盖章
中国工商银行
广州江南大道中支行
2019.12.30
转讫

复核：　　　　记账：

▼图表 6-1-31▼

4400142140　　广东增值税专用发票　　No. 0000xx

记账联

开票日期：2019 年 12 月 30 日

购买方	名　　　称：广州永利食品有限公司 纳税人识别号：914401257905421296 地址、电话：广州市越秀区暑前路 18 号 020-83365134 开户行及账号：中国银行东山路办 　　　　　　　041123135612					密码区	略		
货物或应税劳务、服务名称	规格型号	单位	数量	单价	金额		税率	税额	
*房屋租金		项	1	8 000.00	8 000.00		9%	720.00	
合　　　计					¥8 000.00			¥720.00	
价税合计（大写）	⊗捌仟柒佰贰拾元整						（小写）¥8 720.00		
销售方	名　　　称：广州光辉灯具有限责任公司 纳税人识别号：914401012325461 2199 地址、电话：广州市海珠区江南大道中 50 号 　　　　　　　020-84541245 开户行及账号：中国工商银行广州江南大道中支行 　　　　　　　0124036184231234567					备注			

收款人：　　　复核：　　　开票人：张海萍　　　销售方：（章）

第一联：记账联　销售方记账凭证

任务评价

实训目标	评分	评分标准	得分
填写原始单据（发货单、增值税专用发票、托收承付凭证、进账单、税费单）表	40	减分制，每填错、漏填一项扣 2 分	
记账凭证的填制与审核	40	减分制，每填错、漏填一项凭证要素扣 2 分	
登记有关收入明细账	20	减分制，每填错、漏填一项扣 2 分	
合　　计			

任务二　费用的确认与核算

一、任务引入

小美成功应聘进入了广州光辉灯具有限责任公司担任财务成果会计一职，对于收入的确认与计量，小美有相当的自信能够出色完成岗位工作，但是费用的确认与核算是很有难度的，她能接受挑战，胜任工作吗？

二、知识链接

链接 1：狭义费用和广义费用

狭义费用是将费用限定于获取收入过程中发生的资源耗费；广义费用则包括了经营成本和非经营成本。

链接 2：费用的概念

我国现行制度采用的是狭义的费用概念，即指企业为销售商品、提供劳务等日常活动所发生的、会导致所有者权益减少的、与向所有者分配利润无关的经济利益的总流出。它包括计入生产经营成本的费用和计入当期损益的期间费用两大部分。

链接 3：费用的构成

如图表 6-2-1 所示。

▼图表 6-2-1▼

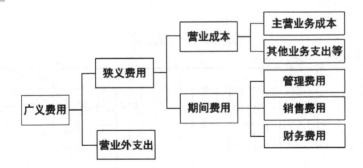

三、岗位练兵

🎯 **典型任务示例**

营业成本核算。

步骤 1：审核广州光辉灯具有限责任公司 11 月出库单，如图表 6-2-2 所示。

▼图表 6-2-2▼

出库单

出货单位：广州光辉灯具有限责任公司　　　　　2019 年 11 月 1 日　　　　　　　　　单号：

提货单位	广州市华联有限责任公司				销售单号		
编号	名称及规格	单位	应发数量	实发数量	单价（元）	金额（元）	备注
101	简灯	箱	15	15	450.00	6 750.00	
102	射灯	箱	20	20	600.00	12 000.00	
合计						¥18 750.00	

部门经理：　　　　　　　会计：　　　　　　　仓管：吴天　　　　　　　经办人：王有亮

步骤 2：填制记账凭证。

记账凭证

2019 年 11 月 1 日　　　　　　　　　　　　　　记字 第 001 号

摘要	总账科目	明细科目	借方金额										贷方金额										√
			千	百	十	万	千	百	十	元	角	分	千	百	十	万	千	百	十	元	角	分	
结转已售产品成本	主营业务成本	简灯					6	7	5	0	0	0											
	主营业务成本	射灯				1	2	0	0	0	0	0											
	库存商品	简灯															6	7	5	0	0	0	
	库存商品	射灯														1	2	0	0	0	0	0	
合计					¥	1	8	7	5	0	0	0			¥	1	8	7	5	0	0	0	

财务主管：　　　　　审核：　　　　　记账：　　　　　出纳：　　　　　制单：简娜

步骤 3：登记明细账。

明细分类账（三栏式）

会计科目：主营业务成本——简灯

2019 年		凭证		摘要	√	借方										贷方										借或贷	余额									
月	日	种类	号数			千	百	十	万	千	百	十	元	角	分	千	百	十	万	千	百	十	元	角	分		千	百	十	万	千	百	十	元	角	分
				承前页																						平								0		
11	1	记	001	结转已售产品成本						6	7	5	0	0	0											借					6	7	5	0	0	0

明细分类账（三栏式）

会计科目：主营业务成本——射灯

2019 年		凭证		摘要	√	借方									贷方									借或贷	余额								
月	日	种类	号数			千	百	十	万	千	百	十	元	角	分	千	百	十	万	千	百	十	元	角	分		千	百	十	万	千	百	十	元	角	分
				承前页																						平								θ		
11	1	记	001	结转已售产品成本				1	2	0	0	0	0	0	0											借			1	2	0	0	0	0	0	0

备注：主营业务成本也可采用多栏式账簿登记。

任务演练

1. 根据广州光辉灯具有限责任公司 12 月份发出产品出库单，填制 12 月发出产品汇总表及记账凭证。相关原始凭证如图表 6-2-3、图表 6-2-4、图表 6-2-5、图表 6-2-6 和图表 6-2-7 所示。

▼图表 6-2-3▼

出库单

出货单位：广州光辉灯具有限责任公司　　　　2019 年 12 月 5 日　　　　　　单号：

提货单位	顺德灯饰有限责任公司					销售单号		
编号	名称及规格	单位	应发数量	实发数量	单价（元）	金额（元）		备注
101	筒灯	箱	80	80	450.00	36 000.00		
102	射灯	箱	60	60	600.00	36 000.00		
合计						￥72 000.00		

部门经理：　　　　　会计：　　　　　仓管：吴天　　　　　经办人：郁亮

▼图表 6-2-4▼

出库单

出货单位：广州光辉灯具有限责任公司　　　　2019 年 12 月 12 日　　　　　　单号：

提货单位	汕头市华新有限责任公司					销售单号		
编号	名称及规格	单位	应发数量	实发数量	单价（元）	金额（元）		备注
101	筒灯	箱	50	50	450.00	22 500.00		
102	射灯	箱	100	100	600.00	60 000.00		
合计						￥82 500.00		

部门经理：　　　　　会计：　　　　　仓管：吴天　　　　　经办人：刘静垒

▼图表 6-2-5▼

出库单

出货单位：广州光辉灯具有限责任公司 2019 年 12 月 18 日 单号：

提货单位		珠海家乐福商场			销售单号		
编号	名称及规格	单位	应发数量	实发数量	单价（元）	金额（元）	备注
101	筒灯	箱	60	60	450.00	27 000.00	
102	射灯	箱	50	50	600.00	30 000.00	
	合计					¥ 57 000.00	

部门经理： 会计： 仓管：吴天 经办人：邹永红

▼图表 6-2-6▼

出库单

出货单位：广州光辉灯具有限责任公司 2019 年 12 月 28 日 单号：

提货单位		珠海家乐福商场			销售单号		
编号	名称及规格	单位	应发数量	实发数量	单价（元）	金额（元）	备注
101	筒灯	箱	30	30	450.00	13 500.00	
102	射灯	箱	40	40	600.00	24 000.00	
	合计					¥ 37 500.00	

部门经理： 会计： 仓管：吴天 经办人：邹永红

▼图表 6-2-7▼

本月发出产品汇总表

编制单位： 年 月 日

编号	名称及规格	单位	应发数量	实发数量	单价（元）	金额（元）	备注
	合计						

部门经理： 会计： 仓管： 经办人：

　2．根据广州光辉灯具有限责任公司 12 月 20 日发出材料出库单，填制结转材料成本记账凭证。出库单如图表 6-2-8 所示。

出库单

出货单位：广州光辉灯具有限责任公司　　　　　2019 年 12 月 20 日　　　　　单号：

提货单位		广州星艺装饰有限公司				销售单号		
编号	名称及规格	单位	应发数量	实发数量	单价（元）	金额（元）	备注
201	灯珠	箱	20	20	200.00	4 000.00	
202	筒灯外壳	箱	20	20	40.00	800.00	
203	射灯外壳	箱	20	20	80.00	1 600.00	
204	铝合金	箱	20	20	120.00	2 400.00	
合计						¥ 8 800.00	

部门经理：　　　　　会计：　　　　　仓管：吴天　　　　　经办人：钟山峰

3．12 月 21 日，收到银行存款利息 3231.66 元。相关原始凭证如图表 6-2-9 所示。

中国工商银行计收利息清单（收款通知）

单位：广州光辉灯具有限责任公司　　　　　2019 年 12 月 21 日

起息日期	结息日期	天数	利率	利息
2019/9/21	2019/12/21	92	0.7250（千分）	3231.66 元
上列存款利息，已照付你单位 0124036184231234567 号账户 工商银行盖章				广州江南大道中支行 2019.12.21 转讫

4．12 月 22 日，销售部人员王伟报销差旅费。相关原始凭证如图表 6-2-10 和图表 6-2-11 所示。

现金收入凭单

兹由（交款人）王伟

交来多余差旅费

人民币（大写）肆佰元整（小写）¥ 400.00　　　　　现金收讫

收款单位：

出纳人收讫（签章）

▼图表 6-2-11▼

差旅费报销单（代支出凭单）

附件：3 张   2019 年 12 月22 日

出差人	王伟	共 1人	职务	经理	部门	销售部		
出差事由	产品推广			自	2019 年12月 10 日			
到达地点	武汉			至	2019 年12月17 日共7 天			
项目金额	交通工具				伙食费	旅馆费		
	火车	汽车	轮船	飞机		住宿5天	在途 2 天	住宿 5 天
	500	200				900		
总计人民币（大写）壹仟陆佰元整								
原借款金额	报销金额		交结余或超支金额 ¥400.00					
¥2 000.00	¥1 600.00		人民币（大写）肆佰元整					

单位负责人：   会计主管：   报销人：王伟

5. 12 月 23 日，广州光辉灯具有限责任公司支付银行邮电费、手续费等。原始凭证如图表 6-2-12 所示。

▼图表 6-2-12▼

邮电费、手续费收费单

付款人：广州光辉灯具有限责任公司   2019 年 12 月 23 日

收取费用								购买凭证		
项目		类别	金额					名称及号码凭证	数量	金额
			百	十	元	角	分			
委托收款	邮划 笔	手续费		8	0	0	0			
汇兑	邮划 笔	邮电费		2	0	0	0			
		手续费	1	0	0	0	0			
银行汇票 银行承兑汇票	电划 笔	邮电费	2	0	0	0	0			
合计			4	0	0	0	0			
人民币（大写）⊗肆佰零拾零元零角零分 （¥400.00）										
付款人（盖章）							收款银行（盖章）			

中国工商银行
广州江南大道中支行
2019.12.23
清讫

6. 12 月 25 日，广州光辉灯具有限责任公司用库存现金 226 元支付购买办公用 A4 复印纸。原始凭证如图表 6-2-13 所示。

▼图表 6-2-13▼

4400163320　　广东增值税专用发票　　No. 3145xx

发票联

开票日期：2019 年 12 月 25 日

购买方	名　　称：广州光辉灯具有限责任公司 纳税人识别号：914401012325612199 地址、电话：广州市海珠区江南大道中 50 号 020- 84541245 开户行及账号：中国工商银行广州江南大道中支行 0124036184231234567			密码区	略			
货物或应税劳务、服务名称	规格型号	单位	数量	单价	金额	税率	税额
*办公用 A4 复印纸	5 包/箱	箱	2	100.00	200.00	13%	26.00
合　　　计					¥200.00		¥26.00
价税合计（大写）	⊗贰佰贰拾陆元整				（小写）¥226.00			
销售方	名　　称：广州市中华文具有限公司 纳税人识别号：914401110138855522 地址、电话：广州市越秀区一德路 33 号 020-87671155 开户行及账号：中国工商银行一德路支行 6606323322268767537			备注				

收款人：叶肖　　　复核：肖白　　　开票人：黄成　　　销售方：（章）

7. 12 月 26 日，广州光辉灯具有限责任公司签发支票一张，通过红十字会向灾区捐赠 7000 元。原始凭证如图表 6-2-14 和图表 6-2-15 所示。

▼图表 6-2-14▼

广东省行政事业单位非经营收入发票
发票联

顾客名称：广州光辉灯具有限责任公司

地址：广州市江南大道中　　　　　　2019 年 12 月 26 日　　　　　　No. 040123

项目	单位	数量	收费标准	超过拾万元无效	万	千	百	十	元	角	分	备注
捐款						¥	7	0	0	0	0	0	0	
合计 人民币（大写）柒仟零佰零拾零元零角零分												

收款人：　　　　　开票人：刘新　　　　　开票单位及地址：

▼图表 6-2-15▼

中国工商银行 支票存根 XVI46927455		中国工商银行　支票		XVI46927455

（支票存根与支票样式）

出票日期（大写）　年　月　日　　付款行名称：工行江南大道中支行

收款人：　　　　　　出票人账号：01 24 03 61 84 23 12 34 56 7

人民币（大写）　　　　　　　亿千百十万千百十元角分

附加信息

出票日期　年　月　日
收款人：
金额：
用途：

本支票付款期限十天

用途：
上列款项请从我账户内支付

单位主管　　会计

出票人盖章　　　　　复核　　记帐

8. 12 月 31 日，广州光辉灯具有限责任公司支付本月的财产保险费 3 000 元。原始凭证如图表 6-2-16 所示。

▼图表 6-2-16▼

中国工商银行　网上银行电子回单

电子回单号码：0022-1112-1113-1104

付款人	户名	广州光辉灯具有限责任公司	收款人	户名	中国太平洋保险有限公司
	账号	0124036184231234567		账号	731585696102
	开户银行	中国工商银行 广州江南大道中支行		开户银行	中国银行江湾支行
	金　额	¥3000.00			
	摘　要		业务（产品）种类		0
	用　途	财产保险费			
	交易流水号		时间戳		
	中国工商银行 电子回单 专用章	备注： 验证码：1184			
记账网点		记账柜员	王海清	记账日期	2019 年 12 月 31 日

如需校验回单，请点击：回单校验　　　　打印日期：2019 年 12 月 31 日

重要提示：本回单不作为收款方发货依据，并请勿重复记账

任务评价

实训目标	评分	评分标准	得分
填写原始单据（支票、差旅费报销单）	20	减分制，每填错、漏填一项扣 2 分	
费用类记账凭证的填制与审核	40	减分制，每填错、漏填一项要素扣 2 分	
登记有关费用明细账	40	减分制，每填错、漏填一项扣 2 分	
合　计			

任务三　税金及附加的确认与核算

一、任务引入

小美担任公司财务成果岗位会计已有一段时间，最近经理给她一张房产税征收完税单据，让她作账，她有些犯难，因为她不知道是把这笔费用当作当期损益记入管理费用还是应该作为税金及附加来处理？你能帮助她吗？

二、知识链接

1．依据财会〔2016〕22 号文规定，全面试行"营业税改征增值税"后，"营业税金及附加"科目名称调整为"税金及附加"科目。

2．税金及附加是指企业经营活动应当负担的相关税费，包括消费税、城市维护建设税、教育费附加、资源税、房产税、城镇土地使用税、车船税及印花税等。

3．应纳城市维护建设税税额＝纳税人实际缴纳的（增值税＋消费税）×适用税率（市区 7%/县城和镇 5%/其他 1%）

4．应纳教育费附加＝纳税人实际缴纳的（增值税＋消费税）×适用税率

三、岗位练兵

典型任务示例

步骤 1：审核自制原始凭证。如图表 6-3-1 和图表 6-3-2 所示。

▼图表 6-3-1▼

城市维护建设税计算表

企业名称：广州光辉灯具有限责任公司　　　　2019 年 11 月 25 日　　　　金额单位：元

项目	金额
应交增值税	880
税率	7%
应交城市维护建设税	￥61.6

制单：王美　　　　　　　　　　　　　　　　　　　审核：何佩凤

▼图表 6-3-2▼

教育费附加计算表

企业名称：广州光辉灯具有限责任公司　　　　　　2019 年 11 月 25 日　　　　　　　　　　金额单位：元

项目	金额
应交增值税	880
税率	3%
应交教育费附加	￥26.4

制单：王美　　　　　　　　　　　　　　　　　　　　　审核：何佩凤

步骤 2：编制记账凭证。

记账凭证

2019 年 11 月 25 日　　　　　　　　　　　　　　　　记字　第 088 号

摘要	总账科目	明细科目	借方金额										贷方金额										√
			千	百	十	万	千	百	十	元	角	分	千	百	十	万	千	百	十	元	角	分	
计提城建税及教育费附加	税金及附加							8	8	0	0												
	应交税费	应交城市维护建设税																	6	1	6	0	
	应交税费	应交教育费附加																	2	6	4	0	
合计							￥	8	8	0	0							￥	8	8	0	0	

财务主管：　　　　　审核：　　　　　记账：　　　　　出纳：　　　　　制单：王美

步骤 3：登记明细账。

明细分类账（三栏式）

会计科目：税金及附加

2019 年		凭证		摘要	√	借方										贷方										借或贷	余额								
月	日	种类	号数			千	百	十	万	千	百	十	元	角	分	千	百	十	万	千	百	十	元	角	分		千	百	十	万	千	百	十	元	角	分
11	1			承前页																						平								0		
11	25	记	088	计提税金及附加							8	8	0	0												借							8	8	0	0

明细分类账（三栏式）

会计科目：应交税费——应交城市维护建设税

2019年		凭证		摘要	√	借方										贷方										借或贷	余额									
月	日	种类	号数			千	百	十	万	千	百	十	元	角	分	千	百	十	万	千	百	十	元	角	分		千	百	十	万	千	百	十	元	角	分
11	1			承前页																						平									θ	
11	25	记	088	计提城市维护建设税																	6	1	6	0		贷						6	1	6	0	

明细分类账（三栏式）

会计科目：应交税费——应交教育费附加

2019年		凭证		摘要	√	借方										贷方										借或贷	余额									
月	日	种类	号数			千	百	十	万	千	百	十	元	角	分	千	百	十	万	千	百	十	元	角	分		千	百	十	万	千	百	十	元	角	分
11	1			承前页																						平									θ	
11	25	记	088	计提教育费附加																	2	6	4	0		贷						2	6	4	0	

任务演练

1. 12月24日，广州光辉灯具有限责任公司用库存现金购买印花税票。原始凭证如图表6-3-3所示。

▼图表6-3-3▼

中华人民共和国
税 收 完 税 证 明

NO.D465231789023145648

填发日期：2019 年 12 月 24 日　　税务机关：国家税务总局广州市税务局

纳税人识别号		914401012325612199	纳税人名称		广州光辉灯具有限公司	
原凭证号	税种	品目名称	税款所属时期	入（退）库日期	实（缴）退金额	
344055181200245528	印花税	营业账簿	2019-11-1 至 2019-11-30	2019-12-24	25.00	
金额合计		（大写）人民币 贰拾伍元整			¥25.00	
税务机关盖章		填票人 王海源		备注：		

收据联　交纳税人作完税证明

系统税票号码：453218791230578932　　　　妥善保管，手写无效

2. 12 月 31 日，已知广州光辉灯具有限责任公司本月进项税额为 34 238 元，请根据任务一资料汇总本月销项税额并计算本月的应交城市维护建设税及教育费附加。相关原始凭证如图表 6-3-4 和图表 6-3-5 所示。

▼图表 6-3-3▼

本月销项税额汇总表

企业名称：广州光辉灯具有限责任公司　　　　2019 年 12 月 31 日　　　　金额单位：元

日期	凭证号	销项税额
合　　计：		

▼图表 6-3-5▼

城市维护建设税及教育费附加计算表

企业名称：广州光辉灯具有限责任公司　　　　2019 年 12 月 31 日　　　　金额单位：元

项目	金额
1．本月销项税额	
2．本月进项税额	34 238.00
3．本月应交增值税	
4．本月应纳城市维护建设税（7%）	
5．本月应纳教育费附加（3%）	

任务评价

实训目标	评分	评分标准	得分
编制城市维护建设税及教育费附加计算表	15	减分制，每填错一项扣 3 分	
销项税额汇总表、城市维护建设税及教育费附加计算表	35	减分制，每填错一项扣 4 分	
记账凭证的填制与审核	30	减分制，每填错、漏填一项凭证要素扣 2 分	
登记税费明细账	20	减分制，每填错、漏填一项扣 2 分	
合　　计			

任务四 利润的核算

一、任务引入

小美在公司担任财务成果岗位会计以来，很好地完成了收入、费用、税费的核算，现在很快就要临近月末，她怀着激动的心情准备迎接本岗位工作的最重要一步，就是做好利润的核算与分配，她深知自己的责任重大，不仅要正确计算企业利润，还要维护好国家、集体和个人之间的利益关系。所以她先做了一个利润分配方案，将实现的利润先提取法定盈余公积和任意盈余公积，然后再向投资者分配利润，她做得对吗？

二、知识链接

链接 1. 利润

利润是指企业在一定时期内实现的以货币形式计量的生产经营活动成果，包括收入减去费用后的净额、直接计入当期利润的利得和损失等。

链接 2. 利润的构成

利润总额＝营业利润＋营业外收入－营业外支出

净利润＝利润总额－所得税费用

综合收益总额＝净利润＋其他综合收益的税后净额

其中，

营业利润＝营业收入－营业成本－税金及附加－销售费用－管理费用－财务费用－资产减值损失＋公允价值变动收益（损失为"－"号）＋投资收益（损失为"－"号）

三、岗位练兵

典型任务示例

收入结转。

步骤 1：审核原始单据。相关原始凭证如图表 6-4-1 所示。

▼图表 6-4-1▼

损益类收入科目余额表

广州光辉灯具有限责任公司　　　　　　2019 年 11 月 30 日　　　　　　金额单位：元

科目名称	本期累计借方发生额	本期累计贷方发生额	本年累计借方发生额	本年累计借方发生额
主营业务收入		300 000.00		
其他业务收入		50 000.00		
营业外收入		5 000.00		

制表：李红英

步骤2：根据审核无误的原始凭证，编制收入结转记账凭证。

记账凭证

2019 年 11 月 30 日　　　　　　　　　　　　　　记字 第 091 号

摘要	总账科目	明细科目	借方金额										贷方金额										√
			千	百	十	万	千	百	十	元	角	分	千	百	十	万	千	百	十	元	角	分	
结转本期收入	主营业务收入			3	0	0	0	0	0	0	0	0											
	其他业务收入				5	0	0	0	0	0	0	0											
	营业外收入				5	0	0	0	0	0	0												
	本年利润													3	5	5	0	0	0	0	0	0	
合 计			¥	3	5	5	0	0	0	0	0	0	¥	3	5	5	0	0	0	0	0	0	

财务主管：　　　审核：　　　　记账：　　　　　出纳：　　　　　制单：简娜

步骤3：登记明细账。

明细分类账（三栏式）

会计科目：本年利润

2019 年		凭证		摘要	√	借方										贷方										借或贷	余额									
月	日	种类	号数			千	百	十	万	千	百	十	元	角	分	千	百	十	万	千	百	十	元	角	分		千	百	十	万	千	百	十	元	角	分
11	30	记	091	结转收入													3	5	5	0	0	0	0	0	0	贷		3	5	5	0	0	0	0	0	0

任务演练

任务必备资料：填制完成任务一、二、三相关记账凭证

1．根据任务一、二、三相关记账凭证，完成损益类科目余额表并将本期收入、费用结转至本年利润账户。相关原始凭证如图表6-4-2所示。

▼图表6-4-2▼

损益类科目余额表

金额单位：元

科目名称	本期累计借方发生额	本期累计贷方发生额	本年累计借方发生额	本年累计借方发生额
主营业务收入				
主营业务成本				
税金及附加				
销售费用				
管理费用				
财务费用				
其他业务收入				
其他业务成本				
营业外收入				
营业外支出				

2．根据本月利润计提应交所得税费（本期无纳税调整项目）。相关原始凭证如图表6-4-3所示。

▼图表6-4-3▼

所得税费用计算表

企业名称：广州光辉灯具有限责任公司　　　　2019年12月31日　　　　金额单位：元

项目	金额
利润总额	
所得税率	
本期应交所得税	

审核：　　　　　　　　　　　　　　　　　　制单：

3．结转所得税费至本年利润账户。

4．计算并结转本年净利润。相关原始凭证如图表6-4-4所示。

▼图表6-4-4▼

本年净利润计算表

企业名称：广州光辉灯具有限责任公司　　　　2019年12月31日　　　　金额单位：元

项目	金额
利润总额	
本期应交所得税	
净利润	

5. 按税后利润的 10%计提法定盈余公积金。相关原始凭证如图表 6-4-5 所示。

▼图表 6-4-5▼

法定盈余公积金计算表

企业名称：广州光辉灯具有限责任公司　　　　2019 年 12 月 31 日　　　　　　金额单位：元

项目	税后利润	提取比例	提取金额
法定盈余公积			
合　计			

审核：　　　　　　　　　　　　　　　　制单：

6. 按税后利润的 5%计提任意盈余公积金。相关原始凭证如图表 6-4-5 所示。

▼图表 6-4-6▼

任意盈余公积金计算表

企业名称：广州光辉灯具有限责任公司　　　　2019 年 12 月 31 日　　　　　　金额单位：元

项目	税后利润	提取比例	提取金额
任意盈余公积			
合　计			

审核：　　　　　　　　　　　　　　　　制单：

7. 准备向投资者分配现金股利。相关原始凭证如图表 6-4-7 和图表 6-4-8 所示。

▼图表 6-4-7▼

分红决议

经董事会决议，本年按全年可供分配利润的 30%向投资者分配红利。

广州光辉灯具有限责任公司
2019 年 12 月 31 日

▼图表 6-4-8▼

股利分配计算表

企业名称：广州光辉灯具有限责任公司　　　　2019 年 12 月 31 日　　　　　　金额单位：元

项目	可供分配利润	提取比例	提取金额
应付股利			
合　计			

审核：　　　　　　　　　　　　　　　　制单：

8. 将利润分配明细账余额，结转至"利润分配——未分配利润"账户。

9. 编制本月利润表。相关原始凭证如图表 6-4-9 所示。

▼图表 6-4-9▼

利润表

会企 02 表 　　　　　　金额单位：元

纳税人识别号		纳税人名称	
报送日期		所属时期：	至
项　　目	本期金额		上期金额
一、营业收入			
减：营业成本			
税金及附加			
销售费用			
管理费用			
财务费用			
资产减值损失			
加：公允价值变动收益（损失以"－"号填列）			
投资收益（损失以"－"号填列）			
二、营业利润（亏损以"－"号填列）			
加：营业外收入			
减：营业外支出			
三、利润总额（亏损总额以"－"号填列）			
减：所得税费用			
四、净利润（净亏损以"－"号填列）			
五、其他综合收益的税后净额			
六、综合收益总额			
七、每股收益：			
（一）基本每股收益			
（二）稀释每股收益			

C 任务评价

实训目标	评分	评分标准	得分
编制所得税计算表、净利润计算表、盈余公积计算表、股利分配计算表及利润表	30	减分制，每填错、漏填一项扣 2 分	
记账凭证的填制与审核	50	减分制，每填错、漏填一项要素扣 2 分	
登记有关明细账	20	减分制，每填错、漏填一项扣 2 分	
合　　计